The
Yellow River
Series

何涵妃 主编

民俗卷

黄河大系

山东友谊出版社
·济南·

乔建业《大河依旧东流去》（局部）

图书在版编目（CIP）数据

黄河大系. 民俗卷 / 何涵妃主编. -- 济南：山东
友谊出版社, 2024.3
ISBN 978-7-5516-2953-9

Ⅰ.①黄… Ⅱ.①何… Ⅲ.①黄河流域—风俗习惯—
文化研究 Ⅳ.①K292

中国国家版本馆CIP数据核字（2024）第039332号

统　　筹：何慧颖
责任编辑：袁　方　陈　菁
装帧设计：蔡立国　张　宜　刘洪强
图片编辑：叶香玉

黄河大系·民俗卷
HUANGHE DAXI·MINSU JUAN

何涵妃　主编

主管单位　山东出版传媒股份有限公司
出版发行　山东友谊出版社
出 版 人　何慧颖
社　　址　济南市英雄山路189号
邮　　编　250002
电　　话　出版管理部（0531）82098756
　　　　　发行综合部（0531）82705187
网　　址　www.sdyouyi.com.cn
印　　装　北京雅昌艺术印刷有限公司
经　　销　新华书店

规　　格　16开（210mm×285mm）
印　　张　18.75
插　　页　4
字　　数　340千字
版　　次　2024年3月第1版
印　　次　2024年3月第1次
ISBN 978-7-5516-2953-9
定　　价　328.00元
　　　　　如有印装质量问题，请与出版社出版管理部联系调换。

《黄河大系》编纂指导委员会

《黄河大系》学术顾问委员会

《黄河大系》编辑出版委员会

总　序

　　"三万里河东入海，五千仞岳上摩天。"百万年如斯，奔腾不息的黄河之水滋润了中华大地，哺育了中华民族，孕育了中华文明。故《汉书》总结道："中国川原以百数……而河为宗。"

　　2019年9月18日，习近平总书记在河南郑州的黄河流域生态保护和高质量发展座谈会上提出，"黄河是中华民族的母亲河""保护黄河是事关中华民族伟大复兴的千秋大计"，要"保护传承弘扬黄河文化，让黄河成为造福人民的幸福河"。这不仅道出了黄河及黄河文化对中华民族生存发展的重大历史意义和现实意义，也表明党中央和习近平总书记对黄河及黄河文化的亲切关怀和高度重视。

　　水脉牵系着血脉、延续着文脉。黄河文化源远流长、一气呵成。从甘肃一带的大地湾文化，到中游的仰韶文化，再到下游的大汶口文化，黄河文化多元一体，正如波澜壮阔、绵延不绝的黄河之水，生动活泼，兼容并蓄，既丰富了黄土文明，又成就了中原文明、海岱文明，成为中华文明的主要表征和重要载体。从青海源头，到黄土高原，再到中原大地、华北平原，黄河文化跳跃跌宕，穿越时空，向光而生，气势如虹，"忽如一夜春风来，千树万树梨花开"，绽放出笃厚神圣、繁荣璀璨的文明之花。汉风唐韵，丝路华章，中华文明从这里出发，走向四面八方。

　　黄河文化催生的思想观念、道德情操、审美品格和科学智慧，蕴含着中华民族深沉的行为准则，对中国传统社会的政治范式、经济格局、文化理念、科技思维等方面有着深远影响。在不同族群和文化交流的灿烂星河中，黄河文化形成生生不息、开放包容的特质，反映在不同时期的典籍史料、艺术作品以及科技成果中，无不以物质形式或精神形式展现出来，并深深影响着人们的社会生活和精神建构。

黄河文化的形成、发展、传承，在不同流域、不同时代、不同族群形成了鲜明的特色，又反映了中华民族千百年来顺应自然、认识自然、改造自然、保护自然的共性过程和结晶，成为中华文明的组成部分和现代中华生态文明的源泉。

正因为黄河的赐予，我们才拥有了世世代代赖以生存的物质宝藏和精神家园；正因为黄河千回百转、勇往直前，我们的文化基因中才有了更加坚忍的品格、更加超凡的智慧、更加鲜明的特性；也正因为文化基因的坚忍、超凡、鲜明，中华民族才形成了熠熠生辉、博大精深的中华文明。

"黄河落天走东海，万里写入胸怀间。"党的十八大以来，习近平总书记立足"两个大局"，就文化建设提出了一系列新思想新观点新论断，形成了习近平文化思想。习近平总书记强调："中国文化源远流长，中华文明博大精深。只有全面深入了解中华文明的历史，才能更有效地推动中华优秀传统文化创造性转化、创新性发展，更有力地推进中国特色社会主义文化建设，建设中华民族现代文明。"

习近平总书记考察调研足迹遍及黄河上中下游九省（区），他将保护黄河作为事关中华民族伟大复兴的千秋大计，亲自擘画、亲自部署、亲自推动黄河流域生态保护和高质量发展，发出了为黄河永远造福中华民族而不懈奋斗的号召。沿黄河九省（区）牢记习近平总书记嘱托，全面加强生态保护治理，着力促进全流域高质量发展，大力保护传承弘扬黄河文化，努力"让黄河成为造福人民的幸福河"。习近平总书记在黄河流域生态保护和高质量发展座谈会上明确指出："黄河文化是中华文明的重要组成部分，是中华民族的根和魂。"在总书记心中，黄河早已同中华民族的苦难辉煌融合在了一起，锻炼出中华儿女的韧性、力量和精神，也为中华民族赓续发展注入不竭动力。

2022年10月28日，习近平总书记考察安阳殷墟遗址，遍览青铜器、玉器、甲骨文等出土文物，细察车马坑展厅商代畜力车实物标本和道路遗迹……总书记感慨道："我们的文化自信就是从真正能证明我们的久远历史中来……"

为深入研究阐释习近平文化思想的科学内涵，推进中华优秀传统文化"两创"工作，以黄钟大吕式作品书写新时代黄河精神，助力黄河文化保护传承弘扬，铸牢中华民族的根和魂，增强文化自信自立自强，建设中华民族现代文明，为中华民族伟大复兴提供强大精神动力，用黄河故事讲好中国故事，传播好中国声音，以高质量出版工程服务读者，奉献社会，山东省策划推出《黄河大系》，在中华文化保护传承弘扬的重要承载区建设方面走在前面并提供山东样板素材，同时，力争以黄河文明为抓手和突破口，在建设中华民族现代文明方面做一些探索。

《黄河大系》从沿黄河九省（区）所共有的文化特色着手，既有对黄河历史、文化、艺术的梳理，也有对民艺民俗及水利、生态等的呈现，既回望传统，又观照当下，多角度、广层次、图文并茂地展现黄河文化的内涵和魅力。

《黄河大系》包括《图录卷》《文物卷》《古城卷》《诗词卷》《书法卷》《绘画卷》《戏曲卷》《民乐卷》《民艺卷》《民俗卷》《水利卷》《生态卷》共十二卷，每卷或为一册，或分为两册、三册不等，整体规模为二十册，三百六十余万字，四千三百余幅图。这十二卷图书内容相辅相成，生动全面地展示出黄河作为中华文明摇篮的丰富多彩、万千气象。这十二卷图书内容不仅关注人类文明的既有辉煌，而且着眼人类文明新形态的创造：从《文物卷》探寻中华文明的源头；从《古城卷》《民乐卷》《民艺卷》探索人类文明成果的创造性转化和创新性发展，为文明的演进生发提供启迪；诗词、书法、绘画这些黄河文明固有的艺术成果形式，也终将如黄河之水内化为中华文明生生不息的天然动力，为推进人类文明新形态建设提供智慧源泉；《水利卷》和《生态卷》则重在探索共生文明，助力生态文明和人类命运共同体的构建……

"周虽旧邦，其命维新"。和合共生，自强不息。黄河，从中华民族厚重深远的精神河床流淌而来，正向着中华民族伟大复兴的波澜壮阔奔腾而去！

"江河之所以能冲开绝壁夺隘而出，是因其积聚了千里奔涌、万壑归流的洪荒伟力……现在，中国人民和中华民族在历史进程中积累的强大能量已经充分爆发出来了，为实现中华民族伟大复兴提供了势不可挡的磅礴力量。"

《黄河大系》的编纂出版是一项基础工程，是一个继往开来、努力探索的过程。我们将以出版《黄河大系》为契机，深入贯彻落实习近平文化思想，落实好习近平总书记在黄河流域生态保护和高质量发展座谈会上的重要讲话精神，立足黄河文明的深厚资源，发扬中华文明的自信自觉优势，为黄河流域生态保护和高质量发展蓄势赋能，为实现中华民族伟大复兴作出贡献。

序

黄河发源自青海，流经黄土高原，后来到中原，最终流入渤海。黄河流经之处孕育出数不清的始祖神话，仿佛世界就在黄河的臂弯里诞生。那时的天地动荡不羁，河南一带有盘古开天的传说，也有"杞人忧天"的故事，延续着共工怒触不周山、女娲补天的忧患思想。而后，智者就天体构成对人们进行了开导，俯仰观星，"河图洛书"应运而生。这为大禹提供了治水的蓝图，甚至奠定了华夏大地的整体区划，"茫茫禹迹，画为九州"。九州的东西南北中，由五岳镇守。"九州五岳"的王朝地理，充满自然和人文灵性。而山河稳固的标志，就是"黄河宁，天下平，九州定，五岳齐"。

我们的祖先在大河沿岸创造了璀璨的早期文明，并绵延相续、星星之火撒播四方。在漫长的中华文明史上，这条横亘北方的巨龙身边，繁衍出一次次文明的顶峰。从夏商周、春秋战国、秦汉、唐宋，帝王将相书写着我们熟悉的历史，文人墨客写下浩荡诗篇、民间艺术绵延千年、民族风情东西各异，这种物质文化和非物质文化的繁荣是中华民族历史和文明的有力见证和真实体现。

日夜不息、奔腾向前的黄河，塑造了中华民族百折不挠、自强不息的精神，这条河及其精神，需要我们保护、传承，更要不断发扬光大。

俗语说："十里不同风，百里不同俗。"黄河流域幅员辽阔，大河两岸独特的民俗风情，彰显着黄河文化的包容与魅力，也是世代生活在这里的百姓的真情流露。不同区域的民俗，均脱胎于当地独特的自然环境下的生产和生活方式。黄河上中游的黄土高原、下游的冲积平原，独特的自然环境，使得游牧文化、农耕文化与海洋文化，沿着河流交融共存。

本卷主要从入选国家级非物质文化遗产代表性项目名录的民俗类项目入手，聚焦沿黄河九省（区），选取其中较具代表性的项目，分五个章节来陈说黄河流域百姓习俗的共通与特别之处。

《第一章　岁时节庆与人生礼仪》，主要通过对黄河流域节日习俗和婚丧嫁娶风俗的描绘，展现这一区域的民间伦理观念与生动生活画卷。

《第二章　黄河创世　万流同宗》，主要介绍黄河流域的祖先崇拜。在这里生活的人们认为祖先可以保佑家族兴旺发达，人丁繁盛。具体而言，祖先崇拜的对象又分为远祖崇拜和近祖崇拜。远祖崇拜包括开天辟地的始祖、部落之祖、民族之祖等；近祖崇拜则包括宗族之祖、家族之祖、历史名人等。

《第三章　民间传统信仰》，主要介绍民间信仰。在黄河流域神圣的世界里，对山川的崇拜产生了五岳信仰、黄河神大禹、河伯等，对雨水的崇拜产生了龙王等神灵，对土地的崇拜产生了后土信仰，还有对关公、城隍等神祇的崇拜。这些黄河流域的信仰民俗都是以农业生产为基础的，其背后隐藏着的是黄河流域广大民众对自身生存状况的忧戚和关注。

《第四章　行业百态》，主要介绍黄河流域各具特色的行业集会，包括胡集书会、打铁花庆典、百泉药会。虽是行业内的集会，却也带给当地百姓节庆般的热闹氛围，甚至会吸引周边乡邻一起加入。

《第五章　黄河岸边的狂欢》，主要介绍黄河流域各族人民的盛大节庆狂欢习俗。千百年来，各式各样的社火广泛流传于黄河沿岸，表演各有特色；那达慕大会更是草原上一年一度的盛会。它们经历了千百年的磨砺，传承至今，代表着先辈们在劳动生活中，对忧乐、对生死、对大自然的敬畏之情和感恩之心，是深藏在民族基因里的文化密码。

"民俗之美，亦生活之美。"希望本书能深度挖掘、展示黄河文化孕育出的民俗文化的内涵与美学价值。

编　者

2024 年 3 月

目　录

第一章

岁时节庆与人生礼仪

山东日照迎新年舞龙表演　李玉涛/视觉中国

春节：中国人最重要的节日

中国人心中最重要的节日，无疑是春节。辞旧迎新，走亲访友，拜年贺岁……种种节俗礼仪，无不反映出中国人特有的时间观念和文化内涵。

天时与人时

作为新年的春节，在辛亥革命以前，称元日、元旦。自汉武帝颁行《太初历》，新年就定在正月初一，此后历代相沿。辛亥革命后为了改封建正朔，打破王朝纪年，推行公元纪年。但是由于农历合乎农时，便于民生，因此农历与公历并行，并将公历一月一日定为元旦，农历的正月初一则称春节。

农历是阴阳合历，人们在历法创始时就注意岁年与时令的配合，"以闰月定四时成岁"（《尚书·尧典》）。由于用闰月的方法，弥补了阴历年与阳历年的岁差，所以，农历岁年与四时节序基本同步循环，就是说新的年度周期的开始，就是新一轮季节循环的开端。

这样，立春与岁首或前或后，相差不过几天，新年适逢立春的时节比较少见，俗有"十年难逢初一春"之说。但立春与新年毕竟在同一时段，而民俗看重新年，所以人们在贺新年的同时也喜迎新春。春天对于传统社会来说，是充满生机与希望的时节，正如民谚所说的那样："一年之计在于春。"

辞旧与迎新

广义的春节，包括前后两个部分，驱旧与迎新构成传统春节的两大主题。以岁首为线，岁前驱邪除秽，岁后迎新纳福。这种时段的切分是基于民众传统的时间观念。

在中国民众的传统时间观念中，时间类似生命机体，它有善有恶，有生有死。俗话说，旧的不去，新的不来。因此，岁末年根民间会举行一系列的仪式，将旧年送走。

传统的年节从腊日开始。南朝时，腊日已定在十二月初八。腊日在古代主要是祭祀百神之日，它来源于丰收后的赛神狂欢活动，孔子的学生子贡目睹了腊祭盛况，"一国之人皆若狂"。当时行周历，以十月为岁末，因此丰收之庆与改岁之喜合而为一。

汉代改用农历，十二月为岁末，腊祭与丰收祭在时间上已经脱离，"腊，接也，新故交接"。接近立春的腊日虽一如既往地祭神、祭祖，但人们的注意力主要集中在驱邪逐疫迎新春的傩仪活动上。

驱疫行傩的时间有的在腊前一日，有的在腊日当天，抑或在除夕之前，是整个腊月的主题活动。在驱疫的仪式中有两类法器必不可少，即鼓与面具。鼓在古代是撼天动地的神器，鼓声是对雷鸣的巫术模拟，腊鼓召唤着春天。

《荆楚岁时记》记载，南朝梁代荆楚地方有民谚云："腊鼓鸣，春草生。"村民在腊日这天都敲起细腰鼓，戴上异形面具，"及作金刚力士以逐疫"。以腊鼓驱送旧岁的习俗，在中原得到传承。河南濮阳一带，腊八傍晚，许多村落要擂起大鼓，有的从此日开始，每天击鼓直至除夕。

据《周礼》记载，周人行傩模拟战斗的方式，一人扮方相氏，身蒙熊皮，头戴四只眼的黄色面具，上身着黑色衣，下身着红色裳，执戈扬盾，率领上百个扮十二神兽的仆隶，鼓舞而行，"索室驱疫"。

至于民间的岁末傩仪，同样隆重热闹。《论语》记载，先秦时有"乡人傩"，孔子朝服而观。晋朝时荆州人因驱傩发生斗殴，荆州刺史不得不派军人维持秩序。可见民间驱傩的规模也不小。

南北朝以后，驱傩活动开始加入游戏元素。《南史》中记载，南朝梁人曹景宗腊月借

广西钦州浦北农民跳傩戏祈福风调雨顺　毛建军/中新社-视觉中国

"邪呼逐除"的机会，"遍往人家乞酒食"。宋朝岁末驱傩称为"打野胡"。这时的傩仪已演变为傩戏，每至腊月，人们例行舞傩，敲锣击鼓，以此为岁末乞讨的方式。这时的傩戏仍具有驱疫的意义。明清时期傩舞的表演性更强，宗教意义趋淡，但它始终具有驱避疫邪的原始意味。

腊月除了驱恶逐邪外，普通人家还通过扫除屋尘，照虚耗，沐浴、理发等方式除旧迎新。腊月二十四是送百神的日子，宋人在这天要备茶果、烧纸钱送神，包括灶神在内的七祀诸神及百神都在礼送之列，似乎此一任期届满，新年重授新职。其中，祭送灶神最为隆重。虽然灶神形象由老妇人变为灶王爷，祭祀日期由腊八改为小年（腊月二十三或二十四），但

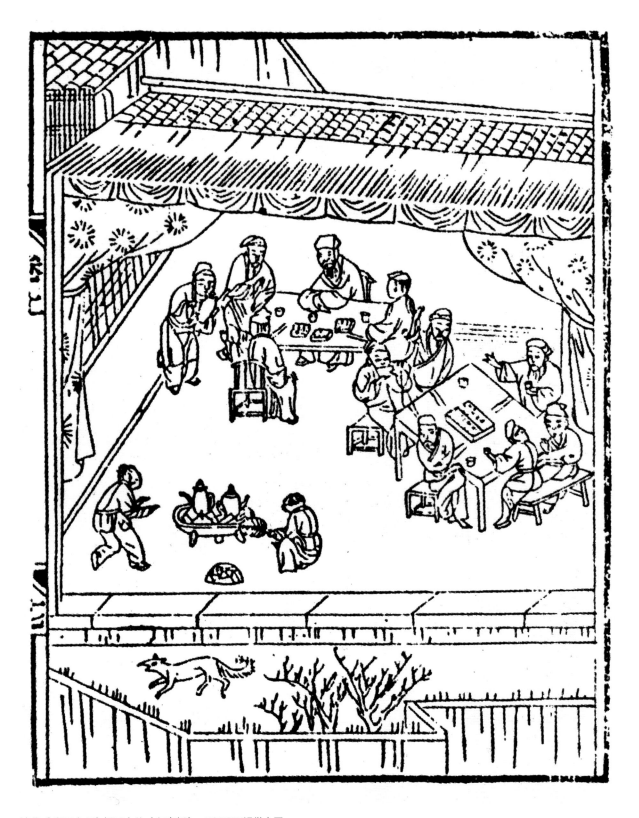

清代《豳风广义》插画中的《年夜饭》　FOTOE/视觉中国

民间祭祀热情不减，至今部分乡村农家仍在中堂上供有"东厨司命"的神位。

民以食为天，灶神与民生最为切近，祭灶自然要盛大其事，古代一般以美酒佳肴祭灶，正如范成大《祭灶词》中所写："猪头烂热双鱼鲜，豆沙甘松粉饵团。男儿酌献女儿避，酹酒烧钱灶君喜。"近世祭灶花样翻新，不仅要以酒醉司命、灶糖沾嘴，还要为灶神上天准备灶马、草料。

年三十是旧年的最后一天，所谓"月穷岁尽"，也是新年的前夕，是除旧迎新的重要时间节点。人们的一切活动都围绕这一主题展开：除夕的"年夜饭"，是一年中最丰盛的一顿，不仅家人欢聚共宴，而且要将祖先请回团圆。鬼魅逐出，天神送走，祖先请回，体现了中国人的伦理情感。年夜饭后，长辈要给小儿压岁钱，象征着人们依靠家族力量共度年关。

大年夜灯火通明，全家人围炉夜话，通宵不眠，名为"守岁"。晋朝已有守岁之俗，周处在《风土记》中说，蜀人"至除夕达旦不眠，谓之守岁"。"守岁"顾名思义是守候新岁，在新岁降临之际，人们应及时燃鞭接年。

正月初一，新年真的来到，人们开门迎接新年。旧年紧闭的大门，这时刷地打开，一关一开之间，已将民众的时间观念表现得淋漓尽致。

陕西关中新年贴对联的村民　胡武功/FOTOE-视觉中国

山西芮城一户土窑人家正在贴春联　刘宝成/视觉中国

浙江永康下山村两姐妹放鞭炮庆新年　视觉中国

北京东城区小学生为社区老人贴迎春福字窗花　视觉中国

"一元复始，万象更新"。在新岁之初，人新物新事事新，一切都在更新之中。大门是人们进出的通道，也是家与外界的联系点与分隔点，因此门口是人们着意标新的地方。首先用新桃换下旧符。宋代以前人们在门户上方钉桃木板，书辟邪字样或刻门神。随着时代的发展，人们在桃符上写的字越来越多，并形成对仗工整寓吉祥意义的联语，于是春联出现了。明朝之后，春联更为普遍。门神形象也从桃木走到纸上，新年贴门神也逐渐成为年节习俗。威猛的门神给人们以安居的心理保证。随着神异色彩的淡化，门神像逐渐衍变为祝吉的年画，表达了民众的祈福愿望。

新年到来，拜年是人们的主要活动，人们在度过旧岁迎来新年之际，互相庆贺，以祝新生。朝廷有盛大的"元会"，君臣相贺。民间则是以拜年的形式，强化家族、邻里关系。

春节与正月

春节，是正月初一，但在每个中国人的心目中，春节其实是一个漫长的过程，绝不仅仅是初一这一天而已。从大年初一到正月十五，过节的气氛始终浓郁。

初一祭拜天地，家内拜贺，定尊卑长幼之序；初二拜亲戚邻里，联络亲情、乡情，整合乡里关系；正月初三在很多地方被称为"小年朝"，是与大年初一有着同等意义的一天，取"一生二，二生三，三生万物"之意。顾禄在《清嘉录》中记载，当天"不扫地，不乞火，不汲水"。有些地方则认为初三是"赤狗日"，出外遇"赤狗"，可能发生凶事，因此当天不出门拜年。

正月初四传说为家宅诸神重回人间之日，故要准备果品香烛，迎接灶神下界。初五为"破五"，"破"掉春节前几日的种种禁忌，迎接全新一年。据《燕京岁时记》记载，清代旧俗："'破五'之内不得以生米为炊，妇女不得出门。"一些地区则有初五迎财神的风俗，如《清嘉录》有记载："正月初五日，为路头神（即财神）诞辰。金锣爆竹，牲醴毕陈，以争先为利市，必早起迎之，谓之接路头。"商户一般选择初五开市，取招财进宝之意。部分地区如北京等，以初六日为"送穷"日。南宋《岁时广记》记载，初六当天应"扫聚粪帚，人未行时，以煎饼七枚覆其上，弃之通衢以送穷"。初七是"人日节"，魏晋隋唐时最为流行，有戴"人胜"头饰、吃七宝羹等节俗。据《清嘉录》记载，初八当晚可观参星，以占卜一年水旱情况，以及元宵节那日的天气。如果看不到参星，元宵节当天就会下雨，无法观灯。正月初九为玉皇诞日，道观举行庆典仪式，闽南地区则有"拜天公"的风俗。年节活动一直延续到正月十五，以舞龙灯、玩社火的形式将整个社区联系起来。

由此可见，在中华民族的传统意识中，春节绝非简单的吃吃喝喝，即便是在今日，它仍有着再造与整合社会人伦关系的重要意味。

安徽黄山齐云山举行"接财神过大年"传统民俗巡游活动　施广德/视觉中国

浙江杭州河坊街迎财神活动　汪建春/视觉中国

甘肃张掖九曲黄河灯　视觉中国

点亮黄河灯　欢喜闹元宵

所谓"正月十五闹元宵"。农历正月十五日是中国的传统节日元宵节。元宵这个名字从何而来呢？一种说法认为，正月是农历的元月，"元"的意思是开始，而古人称夜为"宵"，所以称正月十五为元宵节。另外也有说法，"元"指月亮正圆，一年之中有所谓"三元"，即农历正月十五"上元"，七月十五"中元"，十月十五"下元"。正月十五日是一年中第一个月圆之夜，也是一元复始、大地回春的夜晚，人们对此加以庆祝，也是庆贺新春的延续。

传承千年的元宵进化史

春节是重要的传统节日。汉武帝太初元年，正式确定以夏历正月为岁首，此后历法虽不断修正变化，但正月岁首的时间保持不变，年节也就固定下来。人们常常说"过年了"，而"过年"，体现在"过"字上，指的是人们忙碌着迎接新年、欢快地庆祝新年的一个过程。广义的春节，包括年前和年后两个时段，一般来说，民间将腊月初八作为年节的开始，有的地方也从"祭灶"（北方一般是腊月二十三，南方是腊月二十四）开始，直到过完正月十五元宵节为止。因此，元宵节是广义春节里的最后一个重要节点，它既是春节的继续，也是春节的尾声。过罢元宵，则意味着年过完了。随后人们或将继续投身于紧张的工作生活中，或要与家人分别，因此抓住这个机会，让自己放松一下、狂欢一次，也就是顺理成章的事情了。元宵节这一天，有许多喜庆活动，譬如，出门赏月、燃放焰火、猜灯谜、吃元宵（或汤圆）。

生活在清代中叶的顾禄，在其著作《清嘉录》中写道，元宵节前后，人们"或三五成群，各执一器，儿童围绕以行，且行且击，满街鼎沸，俗呼'走马锣鼓'"。在元宵节的各种民俗活动中，最重要的当数观灯。

中国灯具有悠久的历史。首先以宫灯最为华丽，如信阳宫灯；后来才出现了各式各样的节日花灯。而元宵观灯的习俗，据说起源于东汉明帝时期。永平十年（67年），明帝梦见金人，其名曰"佛"，于是派使者赴天竺（今印度）求得其书及沙门，并于京城洛阳建立了中国第一座寺庙白马寺，佛教从此传入中土。

明帝听说，佛教有正月十五日僧人观佛舍利、点灯敬佛的做法，就令这一天夜晚在皇宫和寺庙里点灯敬佛，令士族庶民都挂灯，史称"燃灯表佛"。另外，还有一种说法则与中国本土的道教有关。道教认为，主管上、中、下三元的分别为天、地、人三官，天官喜乐，故上元节（即元宵节）要燃灯。

魏晋以后，元宵燃灯的习俗逐渐流行。《隋书》上说："每岁正月……绵亘八里，列为戏场。百官起棚夹路，从昏达旦……光烛天地，百戏之盛，振古无比。自是每年以为常焉。"《资治通鉴·隋纪》中则写道：正月十五夜晚洛阳端门一带"戏场周围五千步，执丝竹者万八千人，声闻数十里，自昏至旦，灯火光烛天地，终月而罢，所费巨万。"由此可见，元宵灯节在隋代已经基本定型。

自从元宵张灯习俗形成以后，历朝历代都以正月十五日张灯赏灯为一大盛事。唐代诗人张祜在《正月十五夜灯》诗中说："千门开锁万灯明，正月中旬动帝京。三百内人连袖舞，一时天上著词声。"此诗描写的就是京城和皇宫里正月十五夜，灯火通明、宫女们载歌载舞的景象。据记载，唐玄宗李隆基为庆贺国泰民安，命令御匠在宫城内用丝绢扎成灯楼20间，高达50丈，燃5万盏灯，竖之如同花树，百里之外，即可看见。沿至宋朝，张灯由三夜延长至五夜，灯彩以外还放焰火，表演各种杂耍，情景更加热闹。大街小巷，茶坊酒肆，灯烛齐燃，锣鼓声声，鞭炮齐鸣，百里灯火不绝。

到了清代，元宵放灯的盛况可谓空前，北京专门开了灯市，白天列市、夜晚张灯。据说，今日的北京灯市口大街，便是当年的灯市。元宵节那一天，有"万园之园"之称的圆明园中，楼台亭阁，画舫游艇，统统挂上五光十色的彩灯，映红了帝都西北部的天空。

《明宪宗元宵行乐图》（局部） 视觉中国

《明宪宗元宵行乐图》（局部） 视觉中国

到了晚近时期，一般从正月十三日"上灯"开始，市面上就挂出各式各样的花灯，供人采买，即所谓灯市。十四日为"试灯"，各地会陆续搭起灯棚、牌楼等，或张灯结彩，或燃放烟火，或表演节目等，就已经有了节庆的活动。十五日为"正灯"，各种表演就大张旗鼓地展开了，不仅在灯会上有赛花灯，而且各家各户、屋里屋外也都张挂灯盏，还有小孩子们也都手提灯笼到处游玩。这种热闹的场面，一直要持续到正月十八日的"落灯"。元宵节时，天上的明月与人间的灯火，融洽地交织在一起。看远处，地上灯如星汉；视眼前，楼头月如灯笼。这正是初唐诗人卢照邻《十五夜观灯》中"接汉疑星落，依楼似月悬"的诗意境界……

花样百出黄河灯

作为中华文明的重要发祥地，纵观整个黄河流域，从上游到下游，从元宵观灯习俗又衍生出了各式各样、独具特色的地方习俗。

久负盛名的东山元宵转灯会，流传于黄河上游的甘肃省舟曲县东山乡一带。元宵灯会可以算得上是东山乡最隆重的节日，当地素有"小年大十五"的说法。每年元宵举行"转灯踩字"和"迎灯"的传统活动，以求风调雨顺、国泰民安。

在距离不远的甘肃永昌，则有一种独特的"卍"字灯。汉传大乘佛教中，将"卍"释义为"吉祥、妙善、和谐永恒以及世俗无灭"，认为它是佛陀的胸印，是释迦牟尼出生时的三十二吉相之一"吉祥云海相"，代表了"吉祥万德之所集"。据《永昌县志》记载，"卍"字灯俗原是明朝时的北京灯艺，永昌毛卜喇村的李发仁来到北京做小生意，平日里闲来无事，便学着绘制"卍"字灯图谱，用了三年时间，绘成一角带回毛卜喇，之后"卍"字灯俗便在毛卜喇村逐渐发展起来。

"卍"字灯灯艺的制作步骤，包括裁剪、书画、题灯谜等。闹灯活动所用的图谱，绘在一块土织白布上，布上会标注方位和灯阵的进出口。灯会表演前，要在村中心选择一块空地，按灯谱栽杆，杆高2米，每排19根，横竖各19排，共361根，间距一般为2米，呈正方形排列。主场正中一根为主杆，高8至10米，上挂大型花灯，其余杆上分挂360只小型花灯，象征农历一年，进出口处还要扎彩门彩灯屏障。正式闹灯时，有社火、秧歌队穿插灯阵中，人

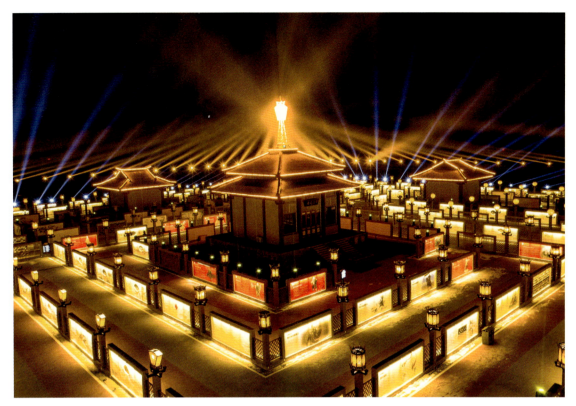

甘肃张掖璀璨的黄河灯阵

们手持花灯，顺道盘舞，热闹异常。观灯者也在灯阵中左旋右转，趣味无穷。

　　而在黄河中游，陕西彬县（今陕西彬州市）的灯山会也是元宵节的传统活动，每年农历正月十五，在彬州城关镇水帘村的花果山举行。当地居民按照独有的传统礼仪程式和仪轨，点燃放置在崖壁石穴中的清油瓷灯千余盏，远远望去，灿若群星，自东向西依次组成寺院、雷峰塔、北斗七星、轿顶、牌楼等图案，宛如霓虹灯一般，当地俗称"点灯山"。

　　地处黄河下游的齐鲁大地，元宵灯俗同样历史悠久。在山东淄博，因为正月十五是农历新年的第一个月圆之夜，取团圆之意，又因"灯"与"丁"谐音，因此将提灯、闹灯视为人丁兴旺的佳兆，人们把元宵佳节赏花灯、闹花灯看作是酬神娱人、迎春祈福的民俗活动，"淄博花灯会"传承至今。而在烟台沿海一带的山后初家、芦洋、八角等十几个渔村，农历正月十三、十四午后，渔民从各自家中出发，抬着祭品，高举彩旗，一路燃放鞭炮，先到龙王庙或海神娘娘庙送灯、祭神，再到渔船上祭船、祭海，最后到海边放灯。据说，这样的"渔灯节"距今已有五百多年的历史。实际上，这是一个从传统的元宵节中分化出来，为渔民专属的节日。

　　当然，黄河流域各地的元宵灯俗，有差异，更有共性。著名的"九曲黄河灯"就是一个典型的例子。所谓九曲黄河灯，得名于灯阵路线的曲折延绵，如黄河河道九曲十八弯。古人

烟台渔灯节祭海仪式　IC photo

山东淄博玉黛湖花灯会　视觉中国

又将黄河九曲，分别与天上的九星对应，认为与黄河由西向东流经的各地域相符。"九曲灯会"的灯阵图，则按《周易》九宫八卦之方位布置而成，阵内有乾、坎、艮、震、巽、离、坤、兑八宫和中宫共九宫，九宫也象征着九州大地与大一统的疆域，这与传统地理学中的象数思想相吻合。

明代通俗小说《封神演义》第五十回《三姑计摆黄河阵》里有"九曲黄河阵"一说，虽然"士卒不多，只有五六百名。旗幡五色"，但"内藏先天秘密，生死机关；外按九宫八卦，出入门户，连环进退，井井有条"。这虽是小说家言，也可以看出"九曲黄河阵"源自《周易》中的"九宫八卦"的概念。而"九曲黄河灯"的灯阵，也应如是。

从明朝到民国，制作九曲黄河灯所用的材料基本变化不大，竖直方向的构架由木杆搭建，水平方向由秸秆连接，秸秆主要是高粱作物，木质灯座上放置莜面灯碗。

关于"九曲黄河灯"的名称，明代的《帝京景物略·春场》里写道："十一日至十六日，乡村人缚秫秸作棚，周悬杂灯，地广二亩，门径曲黠，藏三四里，入者误不得径，即久迷不出，曰黄河九曲灯也。"据清代的《米脂县志》记载："十五日元宵，街市遍张灯火花炮……十四、五、六三日，阖邑僧众于十字街作斋醮，关城外，以高粱秆围作灯市，娓曲回环，游者如云，俗名'转九曲'。"《宣化府志》则说："上元张灯，设放花炬，村庄城市多立竹木，制黄河九曲灯，男女竟夜游绕，名为走百病。"从史籍记载来看，"九曲黄河灯"称谓很多，比如"黄河九曲灯""九曲黄河灯阵""九曲黄河灯会""转九曲"等等。

名称的多样也正反映了"九曲黄河灯"流传的广泛，从资料所示的地域来看，在山西、

河北邯郸九曲黄河灯阵 视觉中国　　　　　　甘肃张掖九曲黄河灯阵 视觉中国

陕北、河北北部以及北京地区都有分布。就拿山西一省来说，就涉及忻州、晋中、吕梁、长治等地区。甚至在偏处黄河上游一隅的青海乐都，也流行着"九曲黄河灯"的习俗。

乐都位于青海省东部湟水河中下游，是一个汉、藏、蒙古、回、土等多民族聚居地区。早在四千多年前，先民们就在这块富庶的土地上繁衍生息。西汉时期，乐都被正式纳入中原王朝版图。当年，张骞出使西域即经由此地。在今海东市乐都区的马家台村、七里店村、李家村、水磨湾村四个行政村，就流行着九曲黄河灯俗。其中，七里店村有一座修建于明代万历三十六年（1608年）的三官庙。据《西宁府志》记载，这座三官庙正名为"赐福观"，建观后即开始在元宵节时举办九曲黄河灯会，作为庙会的一项重要活动内容，灯会期间还要搭台唱戏。"九曲黄河灯阵"式样布置系由八卦图演绎而来，按"太极生两仪、两仪生四象、四象生八卦、八卦成九宫"的阵法设计总城、城壕、胡同、内城、仪门等。灯城栽高杆16根，每杆挂高灯一盏，同时按五方不同的方位各悬不同色彩的神幡一幅。

有趣的是，与其他一些地方的元宵习俗不太一样，乐都的七里店黄河灯会为每三年举办两次，俗称"三年两头"。在灯会举办之年，从农历正月十四至正月十六持续三天。每晚七点亮灯，约十一点结束，届时整个黄河灯城流光溢彩，璀璨夺目，犹如一片灯海。每逢灯会，十里八乡的群众身着节日盛装，从四面八方涌向会场，一副欢乐祥和、喜庆热闹的情景。村民和游人们漫步在这璀璨绚丽的九曲黄河灯阵里，对未来充满了向往和希冀。相信九曲黄河灯这朵珍贵的民俗之花，也如同黄河流域的其他元宵节灯俗一样，必定会在祖国的艺术长廊永远盛开，绽放异彩。

甘肃张掖九曲黄河灯阵启灯仪式上的仪仗队　视觉中国

山西孝义贾家庄婚俗　贾家庄党史研究室/IC photo

和和美美话姻缘

　　婚姻是什么？人为什么要结婚？情感上来说，步入以契约为凭的婚姻，是有情人能"永以为好"的唯一路径；从社会关系上看，每个家庭都是一个微型社会，人要外扩与外界产生关联，除了靠自身魅力结识朋友，最重要的就是"组团"式与另一个家庭缔结姻亲关系了。所以《礼记·昏义》里说，"昏礼者，将合二姓之好"，是两个家族的结合；而从人类的繁衍大计着眼，只有婚姻中的夫妻才能合理合法地生养后代，维持整个文明的生机。

　　如此重大的人际关系，自然不能草率，少不了厚重的礼仪规范。《仪礼·士昏礼》记载，从周代开始，古人结婚共有六大步骤，分别是：纳采、问名、纳吉、纳征、请期和亲迎。之后的各朝各代，都在这个基础上万变不离其宗地演绎和增补细节。不过，生活在21世纪的你我应该发现了，随着与地球彼端的连接，全民移风易俗，婚礼也早已乾坤大变。然而，广袤的华夏大地总有文明的继承者。在山西省吕梁山东边一个叫贾家庄村的大村落，当地人民还是愿意背着沉甸甸的历史和深远的底气，保持了古礼的完整性。

　　贾家庄人丁兴旺，交通便利，保存了不少清代房屋建筑的样式。所谓仪式，有式在，仪自然也更好保持。贾家庄婚俗一共有36项礼节，分为婚前、婚礼进行时和婚后三个部分。

婚　前

婚前第一步是媒人提亲。在没有婚姻自由的时代，媒人就是一段婚姻中的首功，他们靠着一张说吉利话的巧嘴，能把当事人的优点无限放大。到了什么地步呢？民国某文化大师曾说："到了你自己听到都会不好意思的地步。"有这样好口才的吹捧，哪有姻缘不成呢？媒人们堪称行走在人间的月老。

媒人把事情大略谈妥以后，就到男方家人出面的环节了，叫"换帖议婚"。这个帖是指写着年轻男女名字和出生日期的帖子，问到后，男方才好拿去请算命先生掐指一算两人是否匹配。

这个步骤其实是把古礼中的"纳采"置后，把"问名"和"纳吉"融合在了一起，节约了时间，也提升了效率。那么，这几个步骤主要干啥呢？

"问名"环节在当代人看起来似乎有点多余，但古代贵族女子都生活在深闺里，闺名完全是个秘密，从不拿来在江湖上行走。男方必须问到名字，才能为"纳吉"做准备，以便占卜。确定大吉大利，男方礼貌地把结果告知女方家。女方家属非常礼貌地回答说："我们的闺女没怎么受教，真恐怕配不上，如果您占卜是吉利的，我们与有荣焉，听从你们的安排。"

此处有一个小知识，为啥是"问名"不是"问字"？《礼记·曲礼上》非常友好地科普："女子许嫁，笄而字。"东汉讲解五经的《白虎通义·卷八》也引用《礼经》解释说："女子十五许嫁，笄。礼之称字之。"意思是，贵族女子到了十五岁，许配了人家以后，就得把头发挽起来，再取一个字来称呼她，这是为了尊重父母所取的大名。"待字闺中"这个成语，就是表明闺阁里的姑娘，是没有"字"的意思。

贾家庄婚俗里把这两个步骤合到一起，可以想见这一天双方家庭有多奔忙。

上述过程结束后，接下来当事的男孩真的要去亲自见见女孩了，这个仪式叫入闺相亲。双方看对眼，再进行到下一步的下聘订婚，用大白话说就是给彩礼。这一步约等于古礼的"纳采"和"纳征"。在古代，纳采仪式上男方家必须奉上代表忠贞的大雁作为礼物。据说大雁基本都是"一夫一妻"，有些感情深厚的，甚至还能做出震撼人类的殉情举动。金代文学家元好问《摸鱼儿》里的那句"问世间情是何物，直教生死相许"，就是他看到大雁殉情而写下的千古佳句。所以，雁在婚礼中差不多蕴含了"非你不可"的浪漫祝愿。纳征礼，男方家给的礼就更重了，一般至少要一对鹿皮和五匹帛缎。

古时候，这两个仪式一般由男方家里委托某个亲属去执行。当女方家收到如此重礼，我们就能看到中国古人措辞的优美，以及恭敬和谦让的美德了。使者先上一段恭维的话："我家孩子真幸运，能娶到您家的女儿。按先人定好的礼节，派在下来献纳采（或征礼），敬请收下。"女方待客者回答："某的女儿天性愚钝，我们又没能好好教导她。但先生有命，我们也不敢推辞。"客套完，男方亲戚恭敬地送上礼物，女家再恭敬地接收。

古代把"纳采"放在第一位，是因为古代女性的社交场合不多，闺阁少女一被议亲基本就容易担上"某人媳妇"的名声。为了保护女性名誉，若要结亲，男方家得先交上礼物来。毕竟，女性自古以来都是要重金求娶的。《礼记·坊记》里如是说，"男女无媒不交，无币不相见"。没有媒人提亲说话，两个家庭不会结交；不给钱，谁跟你见面啊。当代把给彩礼的流程放在说定婚事之后，亦是给男方家庭一点保障。

迎亲队伍来到新娘家门口，炮童点炮报讯　贾家庄党史研究室/IC photo

迎亲队伍　贾家庄党史研究室/IC photo

换引新娘下轿　王慧镌摄

　　好了，彩礼交付，吉利的日期和时辰算定，接下来就是择日完婚了，也就是古礼中的"请期"。这个仪式在皇家婚礼中更加受重视，要吩咐钦天监之类的工作人员推算好，再通知准皇后娘家，却没有了"请"的商量性。忙完这个流程，贾家庄的婚前仪式还有一个"净身等婚"：提前洗好澡，穿戴整齐，等待结婚。

婚礼进行时

　　万事俱备，让我们为新人快进到结婚进行时。结婚当天，贾家庄的新郎新娘换上汉族特色的喜服——男方穿马褂戴礼帽，女方着一套惊艳此生的凤冠霞帔。然后，男方必须按古礼的"亲迎"仪式，带着八抬大红花轿前去迎接新娘。出发前，新郎先完成祭祖礼，告诉祖先们，家里即将添新人啦。走到马路上，还要沿路祭祀一番，与各路神明一起分享喜悦。

　　新郎的仪仗到达后，新娘的亲朋好友要拦门闹喜，出一些难题不让新郎迎亲团进门。这一般都是围观群众最喜闻乐见和积极参与的场面。到差不多接上新娘离开时，岳父岳母要为新郎披彩，就是把提前准备好的大红毯子披在颈脖之间。然后新郎下跪拜别岳父岳母，表示感谢他们给自己养了一个好媳妇。

　　古礼中的"亲迎"也很热闹。到了这天，新郎的父亲会叮嘱儿子："去把你的贤内助接过来，继承我们家的宗庙大事吧！你们两个好好过，要教导新妇继承先妣的事业。"更直白地说，就是你娶媳妇过来是主持内务的。儿子忙表示这些规矩一刻也不敢忘，随后登车出发。

在新郎慢慢颠簸着迎亲的同时，我们来说说婚礼的色调问题。在当今印象中，古人的婚礼不是大红也该是大绿，不过在先秦，婚礼的服色却是黑色系。男方家属的礼服全是黑色，新郎的上衣也是黑色，只有裙子是浅绛色，连坐的车子都是不加文饰的墨车。女方家里也差不多，新娘的女师傅和陪嫁过去的姐妹或侄女都是穿黑色礼服，新娘本人则穿着黄黑色的衣服，只在边缘部分绣上浅绛色，车子和新郎的一样，黑色系。其他参加婚礼的宾客们也一样，整场婚礼看上去，完全是庄严肃穆的。如果不小心穿越，看见这种仪式，不知道的可能还以为遇上了丧礼呢……

　　把时间拉回来，继续看贾家庄的婚俗。新娘坐轿到达新郎家，男方家安排的迎客群适时出来抛洒小零食给"吃瓜群众"哄抢，这是婚礼中的气氛组。新娘的舅舅则第一时间观察男方家环境，从房间的大小到家居摆饰一一过目，算是为外甥女查家，回去也好报备给自己的姐妹，让其安心。

　　这些仪式之后，就到了我们最熟悉的拜花堂礼，即一拜天地，二拜高堂，然后夫妻对拜。这些过程，第一次结婚的少男少女当然搞不清要怎么行动，所以一切都要依赖一旁的司礼先生和搀扶的人员。

　　贾家庄的婚俗在结合古六礼之上又加入了当地的特色，无论是拦门、泼酒，还是拜花堂，人们口里唱的喜庆谚语，都是当地秧歌小调的韵律。

　　接下来就要送入洞房了吧。"洞房"两个字倒不是喻指远古的穴居时期，只是表明新房的幽深。到了新房后，新郎还要展现臂力与勇猛——弯弓射箭。射哪里呢？新房的四个角落，一个都不能少。这个动作是在驱邪。

　　值得一提的是，先秦婚礼是没有拜堂仪式的。新娘到了夫家后，只见庭前屋内已经摆好了酒席，新婚夫妇会迅速入席，开始吃自己的席。新郎新娘对面坐，司仪指挥打杂的群众每种肉都切一点，分别放在新人的餐具里，俩人就在这样的"对食"中完成各种祭祀婚仪，然后被送入洞房。在房间里，新郎为新娘解缨，这个缨是双方订婚时绑在头发上的，是结发的意思。新郎解下来，寓意完成了仪式，从此他们就是合法的结发夫妻了。

　　此后，先秦贵族家还有非常有趣的一个规矩：这对眷侣在一个月的"试用期"满后，双方如果相处和谐，恩爱不疑，男方这才带着女方去宗庙见祖宗，把送姑娘来的马匹返还给女方娘家，这个仪式叫"返马"。你肯定要问，那要是发现不合适呢？这也没关系，车马还在

拜花堂礼　王慧镌摄

认亲礼　王慧镌摄

外面，女方可以坐上它原路返回。这算是最古老的"30天无理由包邮退货"服务吧。

婚　后

和古代一样，贾家庄婚俗也有婚后部分。只不过他们的温情脉脉多了——新媳妇面见男方亲属的认亲礼不是在婚礼上，而是洞房花烛的第二天。这一天，亲戚们排排坐在新郎家，有唱礼的人拿着名单一个个念，新娘一边改口称呼各位长辈，一边一一向大伙儿行礼。接受拜礼的人可不能白受大礼，都得从口袋里掏出一个红包给这位新的家庭成员，用最有仪式感的方式为新人送上"鸿案相庄，琴瑟和鸣"的祝福。

龙凤服饰，十里红装，这样传统而隆重的婚俗，在如今的贾家庄一带依然还能见到。2008年，山西孝义贾家庄婚俗被列入第二批国家级非物质文化遗产名录，这是对当地坚守传统文化的赞扬与肯定。

陕西凤翔县出殡队伍　胡武功/FOTOE-视觉中国

声泪俱下哭亲去

　　生老病死，是生物的必经之路。远古的先民很早就发现，作为"万物之灵"的人与其他动物没有任何不同，一旦去世，身体就会随着时间干枯腐烂，难闻而可怖。记载中国礼仪规范的《礼记》里说，人一死就会被人厌恶，所以，人们要将尸体掩埋起来，不再出现在活人视野。这种厌恶的情绪是人之常情，但对于刚刚失去至亲的当事家庭来说，他们的心情只有不舍，于是，埋尸就变成了温情的"入土为安"。这也是汉族土葬的根源。

　　死了就埋，似乎太简单粗暴了点。作为拥有细腻情感的动物，在对亲友的依依别情中，先民们创造出一套救赎人心的理论——认为人在去世后灵魂不灭，而是以另一种形式在九泉之下开始新的生活。这一观念很快被欣然接受，紧随而来的，是商人将祖先化为保护神，周人的"国之大事，在祀与戎"，以及"事死如事生"等一系列逻辑的形成。于是，人们构思设置出了一整套丧葬流程，以示悲哀悼念并获得内心安宁，这就是中国传承数千年的丧礼。

　　在我们广袤的乡土大地上，婚丧嫁娶都是乡邻们扶老携幼围观的盛大场面。婚礼代表着迎入和接纳新的家庭成员，葬礼则预示着送别亲故，都可以算作是家族内部的重大事件。人们除了感受婚姻的喜悦，丧仪时的哀恸，更热衷于看到的，是对古老礼仪的传承。近百年来，传统婚礼的形式受到西方模式的影响，趋向融合，但汉族的丧葬习俗，似乎是较好保存下来的古礼。

　　当代有人总结说：人的一生要"死"三次。第一次是没了呼吸和脉搏，指的是生理意义上的死亡；第二次是在追悼会上，亲朋好友一一告别，即社会意义上的死亡；第三次，是世界上最后一个记得你的人离世，你也就彻底与世界没了关系。最后那次，我们无法控制，那么，为亡亲举办隆重的葬礼，就是人们力所能及并乐意促成的人文关怀。对繁复丧葬仪式的坚守，如河南郑州地区的中原古荥汉族丧葬习俗，甚至还被列入了河南省非物质文化遗产名录。

他们的丧礼是怎么进行的？分哪些步骤？参照《礼记》中周人的总结，结合古礼，我们来大致复原一下这个过程。

临　终

人类社会以家庭为最小社会单位，所以，生命更迭，都由家庭成员负担。在保留古礼的村镇，一个家庭的长辈到了一定的年纪，亲属就会提前为其准备一口棺材放在家中。虽然是为离别做准备，但为了图吉利，棺木外都会描画上松鹤之类的长寿动物，以及包含福寿字眼的对联予以祝福，所以，棺材也被称作寿材。

到了老人病重及大限将至期间，至亲们要轮流守候，寸步不离，听取遗言，不能让其孤独地离世，这个步骤叫"送终"。这其实属于后来形成的说法，在周代，只有君子死了才叫"终"，寓意有始有终，而庶民去世就是死了而已。

在民间，老人的正常死亡通常不由医院宣判，而是亲属们自行发觉。怎么断定呢？《礼记》里说"属纩以俟绝气"，用丝棉之类的东西放在鼻前测呼吸。除此之外，古代还有用铜镜放在口鼻前测试的方式。在这点上，当代人并没有什么先进方法，也是先探气息再测脉搏。

发现亲人离世后，第一时间要向亲朋好友报丧。接下来便是招魂。古时候，人们认为魂魄离开身体后还能被唤回，所以，家属要安排人拿着死者的信物进行招魂。如果死者是男性，就爬上屋顶，站在东边面朝北喊三声："某某归来吧！"若是女性，则站在屋子的西边。招魂之所以要上屋顶，是因为人们知道朴素的道理——站得高，声音能扩散得更远。不过，随着社会发展、科学进步，招魂仪式似乎在全国各地都已省略，取而代之的是制作"招魂幡"等工具竖在柩前。另外，如果死者客死他乡，也会进行招魂，但这不再是祈求亡人死而复生，仅是人们希望死者魂归故里，不至于生前死后都如水上浮萍一般，漂泊流浪。

招魂结束后，确定长辈已经撒手人寰，趁遗体还没冰冷僵化，家属要为其整理遗容，包括洗漱和更换衣物，让其干净体面地离世。某些地方，如郑州古荥地区的遗容整理是在死者病危时，大概也是为了趁身体没有僵硬，整理起来方便。

吊遗踪

　　亲人咽气后，家属第一时间进入"吊祭"的环节：点香，烧纸钱、纸马等。古荥地区把为亲人烧去的第一把纸钱称作"到头钱"。至于纸马，是因为死者生前多数已经腿脚不那么灵便，这是他们逝后的"交通工具"。我祖母去世前，就曾叮嘱家人扎好纸马，说她要骑马下去。预感即将离世，她又清醒地嘱咐后辈"可以烧马了，我要走了"。可见，生者为亡人准备的一切，都是从他们的所需所欲出发的。忙完这些，还要给死者口中塞入"饭含"，因为不忍心让他们空口上路，因此在逝者口中放入珍珠或是粮食，取"衣食无忧"的美好寓意。

陕西米脂一群挑着葬礼祭品的男子　视觉中国

陕西凤翔县哭丧仪式　胡武功/FOTOE-视觉中国

在我国大部分乡村，一旦有人过世，无论是否存在亲属关系，乡邻们对死者都有看守的义务。从去世那天开始，家属们就会紧急成立治丧委员会，安排守灵的名单。直到出殡那天，家家户户都要出人为死者看守一整夜。守灵的过程中，人们需要时不时烧纸钱祭拜，最重要的是确保不能让燃烧中的香燃尽。

这些虽然都已进入丧礼环节，但真正的丧仪，还要算办"法事"。法事一般前后三天，由风水先生看好出殡的日期，到临近的前两天，再请道士来主导整场仪式。"起事"后，五服以内的亲属们要身穿孝服，跟随道士完成各项仪式。其中最主要的一环是哭吊。

《礼记》中说："哭泣之哀、齐斩之情、饘粥之食，自天子达。"无论是天子还是平民百姓，对至亲的离世，都要通过痛哭、披麻戴孝、食不知味来表达哀思。孝服的统一并不难，日常饮食多少，旁人也看不到，但哭得怎么样，是最直观的。另外，周人认为，亲人的哭声能牵引魂魄，让亡亲走不远。所以，整个丧礼中，哀痛的哭声必须是环绕不断的。

吊的环节，在道士诵经打开与地府的连接之后，亲人们通过烧香、祭酒、烧纸钱等仪式表达。这些都可以从周礼那儿找到源头。周人热衷于创新，他们发明了一个观念：死者无法进食，但可以听到声响和闻到香味。《礼记·郊特牲》记载："至敬不飨味，而贵气臭（嗅）也。"唐代经学家孔颖达为《尚书·君陈》作疏也说道："芬芳馨气，动于神明。"这种闻气味的行为，叫作"歆"。所以，烧香时飘散出来的香气，就算是在给死者投喂食粮。《礼记·郊特牲》篇又说："周人尚臭（嗅），灌用鬯臭（嗅），郁合鬯，臭（嗅）阴达于渊泉。"意思是，把酒倒灌在地上，气味也可以进入渊泉，让死者享用到。这些发明被后世很好地继承了下来。

在有些地方，如果死者是女性，道士们还会亲自上场，完成一个哭十月怀胎的环节。他们躲在帷幕后，捏着嗓子、带着哭腔诉说怀胎的不易和生产的九死一生，悲伤和滑稽的氛围交加，一面将孝子贤孙们感染得声泪俱下，一面逗得围观群众开怀一笑，算是给凝重的气氛增加一点调味剂。妇女们最喜欢这个环节，在别人口中听到怀胎的不易，像是受到了难得的表扬，感受到了自己对家庭的贡献。

这些仪式间，少不了音乐伴奏。除了传统乐器唢呐、笙箫等，这些年也加入了西洋乐队和稍显喜庆的腰鼓队，属于"风光大葬"的气氛组。在关中一带，乐队演员还会演唱关中特有的秦腔。敲锣打鼓并非庆祝，而是人们设身处地为先人们设置的精彩送别。想必，他们泉下有知也爱看吧！

陕西宝鸡吹唢呐的乐人在燃烧的花圈旁，吹奏起苍凉的曲子　视觉中国

陕西宝鸡浩浩荡荡的送葬队伍抬着八抬大轿　视觉中国

踏冥路

法事虽说是为死者所设，但却是做给活人看的。真正跟死者有关系的，还是随葬品。随葬品应该放些什么？早在新石器时代，先民就已经知道为死者模拟地下生活。比如，湖北天门石家河遗址中出土的随葬品种类就非常繁多，有的是生活用具，有的是陪伴性质的明器，其中包括数量惊人的陶俑和动物陶塑，完全复原了当时人与自然相处的生态环境。

到了周礼时代，孔子重新制定规范："之死而致死之，不仁而不可为也；之死而致生之，不知而不可为也。"（《礼记·檀弓上》）如果知道人死了就彻底没了，准备的东西过于糊弄不行；如果认为死了还有感知，准备的东西过于逼真也不行。这是为什么？孔子认为，死者用活人一样的东西，那么，有些幽暗的人一定会追求极致，"不殆于用殉乎哉"，离用人殉葬也不远了。所以，他曾严厉反对用人形陶俑殉葬，诅咒"始作俑者，其无后乎！"这些随葬品之所以叫明器，是要把死者当神明看待。所有的东西，既要看起来像那么回事，又不能太过于真实。

现如今，科学的死亡观和生命观已经深入人心，人们通常会以"烧包袱"的方式为亡亲送去寒衣、冥资，除此之外，还有其他"日常生活用品"，像是手机、汽车、电视、冰箱，甚至麻将，当然这些统统都是纸制的工艺品，也算是与时俱进。

河南孟津民间祭祀用传统纸扎
视觉中国

陕西西安鄠邑区民间传统丧事　郭建设/视觉中国　　　　　陕西宝鸡的下葬仪式　视觉中国

　　另一个入选非遗名录的丧仪，是陕西咸阳武功县的丧葬习俗。当地会用到一些体积较大的祭品，比如亭子和金童玉女，这些都由死者的女儿来置办。亭子是一个形状像小阁楼的纸扎竹制品，金童玉女也是纸质的人形偶。当地人认为，金童玉女有引渡亡灵的作用，所谓"金童引过天桥路，玉女送到奈何桥"。

　　在出殡前一天，死者要入殓，也就是装入棺材。由死者的儿子抱着将其放置进去。入殓的过程中，寿材内要放置不少东西，如鞭子或馒头，用来驱赶"不懂事"的野狗。这些东西也叫"打狗鞭""打狗干粮"。死者身上要从头到脚铺满红布或毯子，称"铺儿盖女"。入殓后，棺木只留头部不盖，让亲人还有机会最后看一眼先人的遗容。

　　之后就到了送葬入土之时。在这之前，死者亲属会对坟地周围进行一次提前踩点。在关中的丧俗里，选定坟地后不久，死者的儿子们还要背上麦草提前绕着坟墓四周烧一遍，这个环节叫"打怕"。

　　关于坟地，在一些拥有自留地的乡镇里，死者并不需要埋到公墓。人们固定的长眠地，就是村里附近的小山。也因此，挖坟、抬棺以及负责最后掩埋的人都是互相帮忙的乡亲。他们由八个人组成，称"八仙"。挂靠神仙，显然蕴含着祝愿先人登仙的美好愿望。

　　出殡那天，将亲人送上山的这条路上，至亲们要多次痛哭着下跪拦住"八仙"的脚步，让他们停灵歇息，这是为了表达对逝去亲人的不舍。毕竟，一入黄泉，只有梦里才能再见了。将死者送上山落葬后，天地为愁，草木凄悲。亲属们离去时要走得很迟疑，步伐尽量放慢，走走停停，以便逝去亲人的灵魂能跟着一块下山，记住这条回家的路。

　　落葬青山与狐兔为伴后，短期葬仪基本结束，而亲属们则进入了漫长的守孝期。这一套完整的丧仪，无论是沉浸式的亲见，还是文献中的记载，整个汉族几乎没有太大的差异。由此足见，哪怕朝代更替，物换星移，人们怀念亲人的质朴情感，从来没有变过。

第二章

黄河创世　万流同宗

乐舞告祭　张远/中新社-视觉中国

炎黄子孙祭炎黄

中华始祖是谁？

今天，中国人常引以为傲地称自己是"炎黄子孙"，"炎黄"指的是我国古代传说中的炎帝和黄帝，他们是中华民族的共同祖先。这一称谓，既包含了人们对祖先的尊崇，更是一种自我认同。那么，"炎黄子孙"的称谓是如何形成的呢？

上古时代，中原地区分布着许多部落，他们有着不同的图腾、语言、风俗。其中，以炎帝为首的神农氏部落，以黄帝为首的轩辕氏部落，还有以蚩尤为首的九黎氏部落势力最为强大。在这三大部落中，炎帝和黄帝之间最早发生了冲突。

《黄帝像》（明人绘）　读图时代/视觉中国

《轩辕问道图》(明代) 中国台北故宫博物院

黄帝，又称轩辕氏，传说中中原各族的共同祖先，传说有很多发明创造，如养蚕、舟车、文字、音律、医学、算数等都创始于黄帝时期。炎帝，一说即神农氏，是中国古代的农业祖师，传说他教人种植五谷，尝百草，制陶器，开创了农业文明。

当居住在黄河中下游的炎帝部落势力渐衰时，新迁来的黄帝部落势力正不断壮大，这严重影响了炎帝的利益，双方之间的战争不可避免。最终，黄帝历经三战打败了炎帝，并与其联合，组成了炎黄部落联盟。

在炎帝和黄帝的战争中，蚩尤并没有参与，而是趁机扩张自己的势力，驱逐其他部落，占领了黄河下游地区。蚩尤的野心还不止于此，他想进一步征服炎帝和黄帝的部落，成为天下霸主。于是，他率领九黎部落向黄河中游进攻，这场战争发生在河北的涿鹿之野，战斗异常激烈。最终，黄帝战胜了蚩尤，后来又平息了炎帝后裔勾结蚩尤残余势力发动的叛乱，最终，实现上古时期三大部落集团的大联合。据《史记·五帝本纪》记载，"诸侯咸尊轩辕为天子，代神农氏，是为黄帝。天下有不顺者，黄帝从而征之，平者去之"，就这样，黄帝理所应当成了中原地区部落联盟的首领。

黄帝继续推行文化和制度的改革，促进了部落的发展和进步，他还与炎帝部落进行了友好的交流和融合，使得两个部落的文化和血缘更加紧密。后人将黄帝誉为华夏族的人文初祖，而因为黄帝和炎帝是近亲，又融合在一起，所以我们又称其后人为"炎黄子孙"。

汉画像砖《黄帝战蚩尤》拓本　视觉中国

众所周知，黄河流域是中华文明的发祥地之一，而炎帝与黄帝称雄的历史舞台就在黄河流域。可以说，国家认同、民族认同和中华大一统正是以黄河流域为核心，逐步凝聚和发展起来的。

纪念"人文初祖"

"国之大事，在祀与戎"（《左传·成公十三年》）。中国社会，自古以来就十分重视祭祀活动。

我们的先人祭祀什么？《礼记》中列举了几类祭祀对象：民所瞻仰者，如日夜轮转，普照大地的日月星辰；民所取材用者，如山川、森林、河流、土地等自然事物；有功烈于民者，如那些能御大灾、能捍大患，为国家建功立业的杰出人物。这当中，"祭祖"有着特殊的地位。

司马迁的《史记》是二十四史中第一部国家通史，《史记》之首篇为《五帝本纪》，而黄帝正是《五帝本纪》中的第一帝。黄帝由于是中华文明的缔造者，更是华夏先民的共同祖先，因此被称为中华民族的"人文初祖"，历朝历代都把对黄帝的祭祀当作头等大事。历史文献记载，黄帝祭祀一般由皇帝或国家重要官员代表皇帝以国家名义进行。

陕西延安黄陵县黄帝陵景区　视觉中国

一九五八年五月

黄帝陵

郭沫若 书

对"人文初祖"黄帝的祭祀活动，最早可以追溯到春秋战国时期。《史记·封禅书》记载：秦灵公在位期间，曾"作吴阳上畤，祭黄帝；作下畤，祭炎帝"。司马迁也说，"黄帝崩，葬桥山"（桥山，位于今陕西省黄陵县）。汉元封元年（前110年）冬季，汉武帝率18万大军巡边，也曾"祭黄帝冢桥山"，为历史上最大规模的一次官方祭祀活动。

隋代以祭祀先代帝王为常祀。为了解决对历代帝王祭祀的繁复问题，隋代尝试在京城设三皇五帝庙祭祀三皇五帝，在先代帝王始创基业的肇迹之地分别建置庙宇，以时祭祀。据《唐会要》记载，唐代宗大历五年（770年）四月，时任鄜坊节度使的臧希让奏请朝廷，修葺增建黄帝陵庙，"请置庙，四时飨祭，列于祀典。诏从之"。得到朝廷批准后，臧希让亲自主持工程，历时两年，将废圮的轩辕陵修葺一新，又在桥山西麓修轩辕庙，作为祭祀的固定场所，自此奠定了黄陵桥山作为黄帝祭祀圣地的正统地位。

明洪武六年（1373年），太祖朱元璋始创在京都总立历代帝王庙。据洪武十年历代帝王庙祭礼资料记载，当时奉祀的帝王凡五室十七帝。嘉靖九年（1530年），历代帝王庙由南京迁往北京，北京阜成门内新建历代帝王庙，祭祀先王三十六帝，择历朝名臣能始终保守节义者从祀。到了清代，康熙皇帝认为，"凡为天下主，除亡国暨无道被弑，悉当庙祀"，即除了亡国之君和因无道被诛杀的君主外，所有曾经在位的历代皇帝，庙中均应为其立牌位。而乾隆更是提出"中华统绪不绝如线"，因此，从三皇五帝到明末崇祯帝，一共188位，均被列入祭祀行列。

1961年，陕西省延安市黄陵县的黄帝陵被国务院列为"第一批全国重点文物保护单位"，编为古墓葬第一号，世称"天下第一陵"。如今，这里是国家祭祀黄帝的主场，祭典的规模大，祭祀的级别高，影响力也大。经多次大规模修建，黄帝陵形成了庙前区、轩辕庙区、祭祀区和陵区四大区域，分布着轩辕桥、庙前广场、轩辕庙、人文初祖大殿、祭祀广场、轩辕殿、黄帝陵、登仙台、龙驭阁等建筑群，不仅殿宇宏伟、碑石林立，还古柏森森、香烟袅袅，弥散着浓厚的祖陵氛围和文化底蕴。2006年，黄帝陵祭典入选第一批国家级非物质文化遗产名录，黄陵县也被命名为"中国黄帝祭祀文化之乡"。

从古至今，从官方到民间，都有着祭祀黄帝的传统。这不仅因为黄帝是中华民族的共同祖先，祭祀黄帝反映了华夏子孙寻根祭祖的心愿，更因为历经千百年的沧桑巨变，黄帝已成为中华民族的象征，维系民族感情的纽带。祭祀黄帝体现了华夏儿女对中华文化的认同，对民族团结的企盼，对祖国繁荣的殷切希望。

甲午年（2014年）清明公祭轩辕黄帝典礼　视觉中国

甲午年（2014年）清明公祭轩辕黄帝大典现场　视觉中国

《孔子燕居像》(明代) 视觉中国

中国人为什么祭祀孔子？

孔子其人

鲁哀公十六年（前479年），孔子以73岁高龄去世。

这在当时是一件震动全国的大事。孔氏家人不论，只孔门弟子就云涌而至，备极哀荣。为追悼先师，孔门弟子举办了一场极为体面的葬礼。作为鲁国最高领导人的鲁哀公，亲自为孔子致悼词，曰：上天不善，不肯留下这位国老，他扔下我，孤零零地忧愁成病。呜呼哀哉！尼父，我失去了律己的榜样。

被国君尊称为"国老"的孔子，看似备极殊荣，实际上却是郁郁而终。

孔子51岁时，被鲁定公选中，开始从政。据《孔子家语》记载，在中都宰岗位上，孔子"制为养生送死之节，长幼异食，强弱异任，男女别涂，路无拾遗，器不雕伪"。实行了一年，四方诸侯都来学习。鲁定公问他，如果将这套行政措施用在整个鲁国行不行。孔子说，用在天下都可以，何况鲁国？因为执政理念突出，孔子先后任鲁国的小司空、大司寇，代摄相事。他陪着鲁定公参加齐鲁夹谷会盟，文事而有武备，为鲁国赢得了脸面，还让齐国归还了郓、龟阴等汶阳之田。孔子为了维护鲁国国君的地位，开始"堕三都"，削弱执政的三家大夫的私邑，遭到三家大夫的抵制。最终，"堕三都"失败，加上齐国的离间，孔子在鲁国待不下去了。55岁时，他开始带领弟子周游列国，为推行仁政，他先后觐见了七十多位国君，但终无所用，在68岁时回到鲁国。

在历经仕途坎坷后，孔子开始静下心来，领着弟子们整理典籍。后来，他

《明版彩绘孔子圣迹图》之《诛少正卯》 孔子博物馆

们的对话被弟子们整理出来，保存在《论语》和《孔子家语》里。从中我们依稀可以看见孔子的身影，他恭而有礼，安详自适，正如《论语·述而》中所写："子温而厉，威而不猛，恭而安。"弟子颜渊对孔子更是赞佩不已："仰之弥高，钻之弥坚。瞻之在前，忽焉在后。夫子循循然善诱人，博我以文，约我以礼，欲罢不能。既竭吾才，如有所立，卓尔。虽欲从之，末由也已。"（《论语·子罕》）孟子则说："孔子，圣之时者也。孔子之谓集大成。"这些都是对孔子人格的轮廓式描述。

更重要的是，《论语》为我们留下了宝贵的精神财富，也成为指导后人为人处世的指南。

孔子思想的核心是"仁""礼""和"。"仁"的主张是"仁者爱人"，要求统治者体察民情，反对苛政。"礼"的主张是"克己复礼"，就是说要克制自己，使自己符合"礼"的要求。"和"的主张是"和为贵""和而不同"。

耐人寻味的是，孔子去世后，随着时间的推移，其声望在两千多年的历史长河中却逐渐提升。在孔子去世后的第二年，鲁国国君哀公开始关注这位曾"累累若丧家之犬"的大学者。他将孔子故居保护了起来，把孔子生前的衣冠、琴车、书籍等遗物收藏其间，并派兵卒守护，一年四节予以祭祀。曾经简陋的三间屋舍，成了后世孔庙的肇始之地。他的弟子为其服丧三年。除了家人和弟子，鲁国当地的官员和民众，都自发地前去祭祀孔子。儒生们也常聚

汉画像砖《尊师重道》拓本 视觉中国

古籍《论语》 视觉中国

《明版彩绘孔子圣迹图》之《汉高祀鲁》 孔子博物馆

在此地，讲习礼仪、行乡饮射礼。不过，此时的祭孔仅限于鲁地，影响并不广泛。

及至汉朝大一统后，高祖十二年（前195年）十一月，刘邦路过鲁地，以最高规格的"太牢"之礼祭祀孔子，首开帝王亲自祭孔之先河。此后，在前往曲阜祭孔的路上，出现了一个又一个帝王的身影。

汉武帝时期推行"罢黜百家，独尊儒术"的政策，至于后世统治者，更是无一不把儒家的核心思想作为治国纲领，儒家思想渐成中国文化的主流。

为何历代帝王都如此看重孔子，推崇儒学呢？这其实与中原地区特殊的地理环境不无关系。我们知道，黄河流域的旱地农业经济是以水利设施为基础的，而水利工程的兴修和治水都需要动用大量的人力、物力、财力，同时要求人们共同关心、治理与他们的生存休戚相关的水利问题，因此，黄河流域的先民养成了关心政治和社会问题的文化心理。儒家学说正是在这样的氛围下逐渐形成的。

春秋战国时期，各诸侯国争霸中原，黄河流域的文化也在这一时期达到顶峰。诸子百家争鸣，掀起了一波又一波思想浪潮，其中最突出的当数儒家学说，而儒家学派创始人孔子与他的众多子弟也基本来自这一区域。

山东曲阜孔庙诗礼堂　视觉中国

航拍山东济宁曲阜三孔旅游景区　视觉中国

在这种时代背景下，祭孔活动不再是单纯的对孔子本人的祭祀，而成为国家树立文化权威、控制思想文化、引导社会风气的一种形式，被认为是"治之本"。而孔子本人也被不断加封，尊称为圣人、文圣、至圣、至圣先师、大成至圣先师、万世师表，成为中国传统文化的精神领袖。用乾隆皇帝的话说，就是"三代以前之教，非孔子不明；三代以后之教，非孔子不立"。

变化中的祭孔仪式

在儒家文化中，祭祀活动是最重要的礼仪。《左传》说"国之大事，在祀与戎"，认为治理国家最重要的两件事，就是祭祀和军事，而"祀"又排在"戎"之前，可见祭祀的重要性高于军事。《礼记》中也有，"夫祭者，非物自外至者也，自中出生于心也。心怵而奉之以礼，是故唯贤者能尽祭之义。"这是说，真正意义上的祭祀之礼，是表达个人内心崇敬之情的自觉行动，而非外界强迫去做的。因此，礼乐祭孔是对先圣先师精神遗产的肯定与继承。

在历史上，对孔子的祭祀活动，经历了一个从民间风俗逐渐发展为官方礼制的过程。在孔子去世后的第二年，鲁哀公在孔子的故乡曲阜陬邑（今山东曲阜东南）立庙，内藏孔子生前用过的衣、冠、琴、车、书等，"岁时奉祀"，这是中国最早的孔庙。不过，在随后的数百年里，阙里祭孔只是家祭或私祭，表达孔子后世子孙和弟子崇德报本之情。

东汉桓帝永兴元年（153年），朝廷下诏在曲阜修建孔庙，"置山卒百产，使掌礼器，出天府钱，给大官酒，直河南尹给牛羊豕各一，大司农给粟，春秋享祀"，并命令孔和为守庙官，立碑于庙，记文。从此，曲阜孔庙获得了朝廷的正式背书。

发展到清末，曲阜孔庙由最初的"庙屋三间"发展到九进院落，形成五殿，即大成殿、寝殿、圣迹殿、启圣殿、启圣寝殿；一阁，即奎文阁；一坛，即杏坛；两庑，即东、西庑；两堂，即金丝堂与诗礼堂；八门，即棂星、圣时、弘道、大中、同文、大成、启圣、承圣门；一祠，即崇圣祠；三坊，即道冠古今坊、德侔大地坊、金声玉振坊；还有万仞宫墙、十七座碑亭等，形成一个房屋共计四百余间的庞大建筑群落。不仅如此，在全国范围内，只有曲阜孔庙为祭祀孔子的专庙，其余州、县均为庙学合一，既是学校，又是祭祀周公、孔子的空间，它们名字也不统一，有先师庙、圣庙、文庙、夫子庙、学宫等各式称呼。其中，最

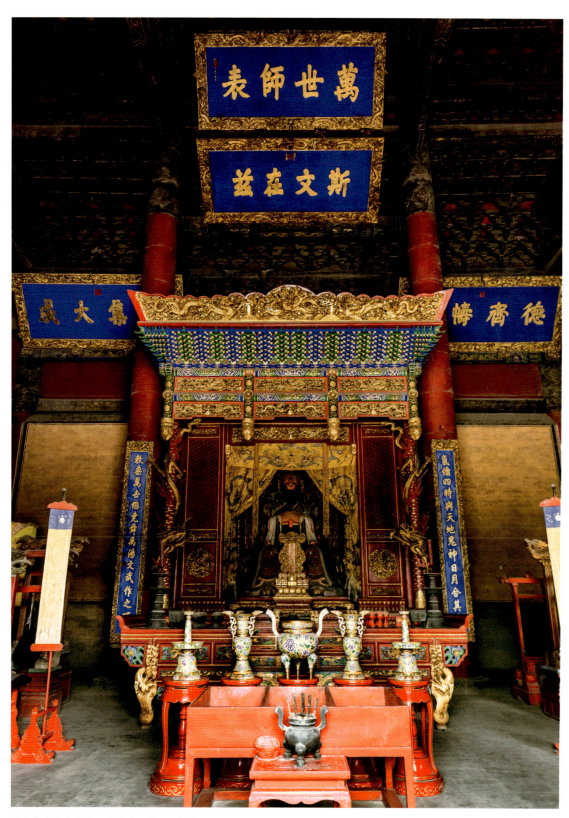

山东曲阜孔庙大成殿内的孔子像　视觉中国

普遍的名称是文庙，来自唐玄宗给孔子的封号——文宣王。《明史》中有一段话，将地方文庙与曲阜孔庙的功能作了明确区别："天下文庙，惟论传道以列位次；阙里家庙（曲阜孔庙），宜正父子以叙彝伦。"

正是因为这种特殊地位，曲阜孔庙顺理成章地成为祭孔活动的中心。

汉高祖十二年（前195年）冬十一月，刘邦自淮南经过鲁国，以太牢（猪、牛、羊）祭孔子，首开帝王在"阙里家庙"祭孔之先河。东汉建武五年（29年），光武帝派遣大司空宋宏到曲阜阙里祭祀孔子。这是帝王派遣特使祭孔的开始。汉章帝元和二年（85年）春，以太牢祀孔子及七十二贤人，作"六代之乐"，标志着祭孔始用乐。"六代之乐"包括云门、大咸、大韶、大夏、大濩、大武，相传分别为黄帝、尧、舜、禹、汤、周武王六代帝王所作，故名。汉桓帝永兴元年（153年），孔庙春秋两季祭祀固定下来。

随着历代帝王的褒赠加封，祭典仪式日臻隆重恢宏，礼器、乐器、乐章、舞谱等也多由皇帝钦定颁行。祭孔大典因此成为与祭祀天地、社稷并列的"国之大典"，成为传承中华文化的象征性仪式。

就拿清代来说，大型祭孔活动每年有两次，时间是仲春（即农历二月）上旬丁日和仲秋（即农历八月）上旬丁日，称"丁祭"。每逢祭日，午夜过后，参祭人员便到达庙前。晨三时许，祭孔仪式开始，钟鼓齐鸣，奏乐，迎神，使用祭孔乐舞，直至拂晓礼毕、散班。每到祭日前二日，各衙门设斋戒牌，不饮酒，不食蒜薤，不吊丧问疾，不听乐，不理刑，不判署刑杀文字，不语秽恶事。

祭孔仪式的专用名称叫"释奠礼"。"释""奠"均为陈设、呈献之意，指的是在祭奠中，展示音乐、舞蹈，以及呈献牲、酒、果、蔬菜等祭品，以表对孔子的尊崇。仪式共分为六部分：迎神（请出孔子及其牌位）、初献、亚献、终献（分三次把酒类、蔬菜、肉类、干鲜果品等祭品奉祀到孔子像前）、撤馔、送神。最后"阖户"，宣布礼毕，可谓井井有条。

民国时期，祭孔的程序和礼仪发生了较大的变化，献爵改为献花圈，古典祭服改为长袍马褂，跪拜改为鞠躬礼。祭孔时间也由过去的春秋丁祭，改为孔子诞辰日，即农历八月二十七日。以孔子诞辰日作为祭孔日的情况，一直持续到了1984年。在改革开放的时代背景下，国内人文旅游悄然兴起，曲阜市政府借孔子相关的资源优势，举办了首届"孔子诞辰故里游"，这也是"孔子文化节"的前身，首次参与故里游的中外游客达到三万余人。2004年，

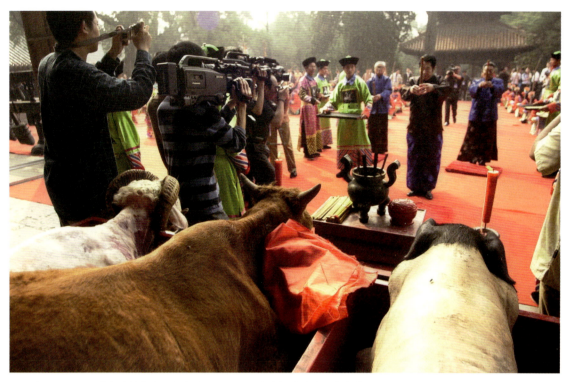

2004年9月28日，山东济宁曲阜，纪念孔子诞辰2555年祭祀大会在孔庙大成殿举行　视觉中国

纪念孔子诞辰2555年祭祀大会现场　视觉中国

2023年尼山春季祭孔大典　沙见龙/中新社－视觉中国

2021年祭孔大典乐舞表演　视觉中国　　　　　　　　　2019年孔子故里曲阜孔庙家祭活动现场　视觉中国

曲阜市委、市政府举办了大陆首次官方祭孔活动，在海内外引起了较大震动。2006年5月20日，经山东省曲阜市申报，祭孔大典被批准列入第一批国家级非物质文化遗产名录。

如今的祭孔大典，主要是为了尊崇和缅怀至圣先师孔子，传播以儒家文化为代表的中华优秀传统文化。每逢公祭，参加祭孔仪式的嘉宾在执事官的引导下，沿着长长的神道缓缓前行，穿过孔庙的正南门、金声玉振坊、棂星门、弘道门、大中门、同文门、大成门，来到大成殿前。这一日的大成殿分外庄严肃穆，孔子像前摆上了牛、羊、猪三牲（即"太牢"）和各种供品，古代的编钟、编磬等八音乐器摆放在殿前两侧，盛装的佾舞生整齐列队站在大殿前的月台上，月台四周的汉白玉栏杆系着红黄相间的鲜艳绸缎。祭孔大典开始后，嘉宾依次走上月台，向孔子像敬献花篮，主祭官随即高声恭读祭文（四字汉赋）。祭文是祭孔仪式中一个特殊的符号，更是中国文化的一个重要载体。比如，2004年公祭孔子的祭文开头，就是"文圣吾祖，恩泽海宇。千古巨人，万世先师"。

祭孔大典主要包括乐、歌、舞、礼四种形式，乐、歌、舞都是紧紧围绕礼仪来进行的。身着汉服的舞者，峨冠博带，左手持龠，右手持羽，在大成殿前跳起公祭乐舞。祭孔乐舞包括"宫悬之乐""八佾之舞""轩悬之乐""六佾之舞"及"登歌"等。"八佾之舞"所用乐器包括金、石、丝、竹、革、木、匏、土等八类，这些礼乐符号体现了孔子的"和同"思想。可以说，每年的孔子文化节，祭孔大典都是其中最核心的活动，而在每次祭孔大典上，祭孔乐舞又成为其中最华彩的篇章。

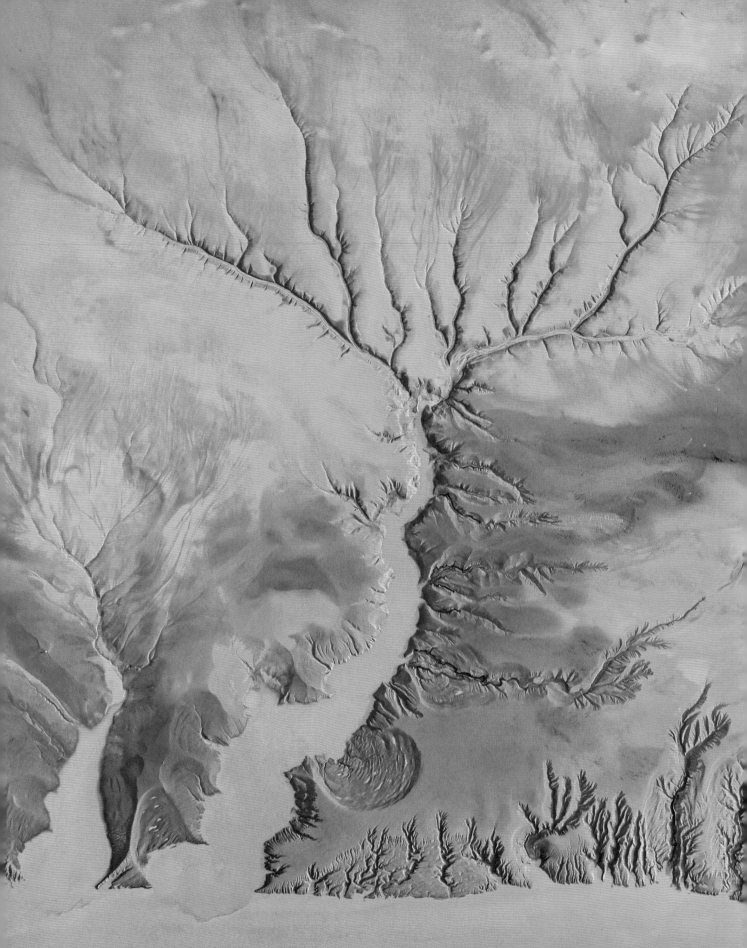

河南洛阳孟津济源黄河小浪底水利枢纽上游库区　视觉中国

山河圣地祭河神

我们向黄河起誓

生活中我们如果需要对他人表达坚定的心意，赌咒发誓是最常见的方法。对着什么立誓比较有说服力呢？"指天誓心"这一成语证明，"天"在古人心中不仅是自然属性意义上的苍穹，还有一层主宰意思。除此之外，天上被视为永恒之物的日月星辰也是人们最常邀请的见证者。但你可能没想到，黄河也曾经扮演过这种神圣的角色。

鲁僖公二十四年（前636年），在外流亡了十九年的晋文公重耳终于在姐夫秦穆公的帮助下跨过山和水，准备回国即位了。从秦国的雍城（今陕西省宝鸡市凤翔区一带）到晋国的绛城（今山西省临汾市襄汾县），千里迢迢，黄河就拦在途中。当队伍仆仆风尘赶到黄河渡口时，一直追随外甥重耳的狐偃不打算走了，说要提前脱离团队。重耳忙问原因，狐偃表示，在过去那些流离的日子里，自己对"领导"多少有些过失之举，很怕被秋后算账，就此分道扬镳算了。

狐偃到底犯了什么错，以至于让他如此心虚，在即将迎接胜利果实之际要卷铺盖逃了呢？重耳想起了一件事。原来，当初他们一行人流亡到齐国时，春秋首霸齐桓公曾送了重耳一位完美的齐国姑娘，二人结为连理，几年下来相处融洽，很快重耳的凌云志就消磨没了，他还明确表示自己要在齐国快活一辈子。其他追随者对此都很不满，最后，狐偃以长辈身份将外甥灌醉带走了，算是强行敲醒重耳的恋爱脑，让他找回事业心。重耳酒醒后发现，眼前尽是荒丘，车马早已离开齐国。

想到这里，重耳忙宽慰舅舅，并且为表心志还对着黄河发了一通誓言："所不与舅氏同心者，有如白水。"说完他就把一块玉璧丢到黄河里"贿赂"河神，请他作证或保障誓言的真实性及监督他执行。

黄河里住着神灵吗？为什么它也具备了监督人间的神职功能？在万物有灵的远古世界观里，山川大泽里都有神祇，黄河就更不例外了。

拥有各种自然水系的华夏民族很早就发展出了成熟的农耕社会，先民们充分认识到水与农作物的供养关系，于是对河流产生了崇拜情愫。与此同时，黄河有时也会反着来——时不时泛滥一番，造成威胁人们生命财产安全的巨大灾害，让人心生敬畏。尚未理解天地运行规律的古人企图解读自然的旨意，把这当作有指向性的惩罚，于是便构思出了一个掌管水系的神祇，将它拟人化、神化，进而和人类建立奉献关系。所谓奉献，就是你滋养我，我祭祀你，形成人与超自然力量的供求关系。

人们是从什么时候开始祭祀黄河的呢？仰韶文化出土的陶俑中，上面常有水生动物的绘画，算是先民与黄河较早的联系。到了拥有中国最早文字记录的商朝时，本就尊神重鬼的商

陕西西安半坡遗址出土的鱼纹彩陶盆　视觉中国

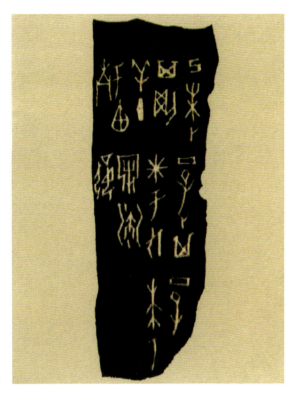

甲骨文"河伯娶妇" 视觉中国

朝人则已经开始向黄河神系统地求神问卜了。甲骨文的卜辞里与黄河相关的内容俯仰皆是：

"戊寅卜，争贞，求年于河，燎三小牢，沉三牛"，这是求河神保佑年景好；"壬申贞，求禾于河，燎三牛，沉三牛"，这是求河神庇佑庄稼，让其合理掌控水资源的收放，既不能旱也不能涝；"壬午卜，于河求雨，燎"，这是商人向河神求雨。虽然当时的人并没有科学的进步观，无法认识到地球上的水会参与空气、水蒸气的循环，最终又会变成雨落回地面、汇聚成河，但从黄河的长度上他们就能大胆猜想，这么大的水流量，河神能不管着雨水吗？因此，河神就得兼任后代龙王的职责，将降雨工作"一手抓"，也算"专业对口"。

卜辞中的"河"就一定是指黄河吗？先秦时期，先民勘测山川地貌时就已经划分出了四条重要河流，分别是长江、黄河、淮河和济水，它们被称为"四渎"，简称"江河淮济"。所以，但凡是远古文献中简称为"河"的，都是指黄河。总体来说，河神几乎兼管了粮食丰歉、战争胜负等一系列"重大工作"，这就是网友们笑传的"中国不养闲神"，谁来了咱这儿都得干活。

因多个王朝都沿着黄河流域建都，所以书写官方记文的北方代言人便把黄河定为所有河流中的"大哥"，《汉书·沟洫志》如实描述："中国川原以百数，莫著于四渎，而河为宗。""宗"在甲骨字形中像是摆放着祖先牌位的房屋建筑，因此也同化为祖宗先人的意思，此处也即是说，黄河是天下河流的"老祖母"。

河南郑州黄河落日　视觉中国

那么向黄河神祈愿，该怎么表现呢？古人想当然地拿人际交往中礼尚往来的行为类比，那么心同此理，向神灵祈愿时，就要奉上各类牺牲以取悦神灵。

甲骨文中显示，商朝人对牺牲从不吝啬，甚至可以称得上"一掷千金"："于河三牢""酬河三十牛""御于河羌三十人""燎三牛，沉三牛"……投到河里的祭品，首先是代表王权的玉器打底，然后是天子、诸侯等阶级才能拥有的"太牢"规格的祭品——牛、羊、猪三牲。更大方的是贡献俘虏，用人祭祀。万物有灵，而人又是"灵中之长"，以人悦神是商朝人的最大诚意。

周人取代大邑商后，革命维新之下，也有对商朝人古礼的延续，对黄河的祭祀就是其中一项。《礼记·祭法》记载，周人有系统、有规划地在对山川河流进行祭祀："山林、川谷、丘陵，能出云为风雨，见怪物，皆曰神。有天下者，祭百神。诸侯在其地则祭之，亡其地则不祭。"天子可以祭祀任何一方高山大泽，被分封到某地的诸侯也需要祭祀当地的庞然大物。《礼记·月令》还硬性规定了统一的祭祀时间："仲冬之月，天子命有司祈祀四海、大川、名源、渊泽、井泉。"当然，这是说在这个时间段必须进行祭祀，但如果日常有所需，有心的人还可以随时对神灵们另行"投喂"。

这套法则被诸侯各国的贵族们严格执行着。《左传·哀公六年》记载，楚国的昭王生病，

巫医用最"先进"的占卜术占卜后得到的结果是"河为祟"。大臣们提议，既然是黄河神让"领导"不爽，那就来场黄河祭祀活动吧！不过，昭王对此一票否决："三代命祀，祭不越望。江、汉、睢、章，楚之望也。祸福之至，不是过也。不谷虽不德，河非所获罪也。"他们楚国境内的河流有长江、汉水、睢水、章水，就是没有黄河。黄河神怎么会好端端地跨越千里来害楚王呢？何况，礼仪早规定了，祭祀不能越界。孔子说"非其鬼而祭之，谄也"，昭王并不想做个谄媚的人。

昭王不祭不代表河神没落。那些黄河沿岸的诸侯国可没给河神留多少休息时间。如鲁文公十二年（前615年），秦晋在黄河沿岸的羁马（今山西省永济市）爆发战争，没底气的秦康公"以璧祈战于河"，给黄河"投币"以祈求战事胜利；鲁襄公二十七年（前546年），卫国发生内乱，子鲜想逃往晋国避难，卫献公派使者阻拦，子鲜就和使者"盟于河"；襄公三十年（前543年），郑国"喜提"卫国曾遇到的剧情，内乱后，一个叫游吉的大臣准备逃往晋国，另一个大臣驷带追阻，为了保证政变不会波及游吉，俩人对着黄河盟誓，"用两珪质于河"。

可以看出，商周时期，河神已经被迫"接纳"了太多愿望，"身心"超载了。但这也是先民们契约精神的见证。

变幻莫测的河神

历史的发展就是在已有基础上不断做加法，生出自己的创意。随着时间的推移，为人爱戴的河神也逐渐被加上了更多标签，从一个模糊的神开始人格化。到战国时，河神已经有了"河伯"的称呼。这是他的名字吗？非也，"伯"是"伯仲叔季"排行中的老大，"河伯"其实就是表示河界的大哥，是对黄河神独有的尊称而已。

说到河伯大家应该记得，《西门豹治邺》一文中，专治各种不服的西门豹在治理当地民俗时就曾遇上了民间自发推演出的"河伯娶妻"习俗。这是怎么回事呢？

邺城靠近黄河的重要支流漳水，这一带时不时就有水患灾害。附近的长老、"乡绅"们继承先辈的河神崇拜，对河伯狠狠"共情"，认为他应当也有人类的情欲，需要钱财，更需要女人的服侍。并且，他们还发明了契约的时效性，以一年为准，过期就得再续约。于是，河神年年都要娶妻。那么，作为一个被想象出来的神，河伯是如何娶老婆的呢？他没法亲自来迎，人们便体贴地为他把女子送上门，也就是将女子投入黄河中任其沉没。这与商朝的人祭本质上没有任何差别。

当初周人以臣子的身份取代商朝后，为了论证自己朝代的合法性，构思出了一套上天有"好生"和"保民"之德的理论，证明周人正是继承天命、吊民伐罪才完成逆袭，剪除暴商。因此，周代在确定礼乐制度的同时也明令废除了商代规模庞大的人祭和人牲活动。无论是出

汉画像石《河伯出行》拓本　视觉中国

清末民初石印本《东周列国志》插图
《河伯娶亲》 视觉中国

土文物还是前文所述春秋时给河神的家畜和玉器等祭品都表明,周人的"人性化"改革成功了。可到了战国时期,商人人牲的遗风还是流传到了民间,继而就演变出了河神要娶媳妇儿的风俗。

这套巫风看似遵循古礼、投其所好,实则是当地权贵鱼肉百姓的手段。他们垄断了与河神交流的权力,通过给河神娶妻的仪式诱骗百姓崇拜河神、无私奉献以求来年物阜民丰。百姓几乎捐出全部家当,但其实只有一小部分用于仪式,其余的都被乡绅、巫婆等主持祭祀者私吞了,形成一段"灰色产业链"。幸亏西门豹英明,他打破迷信,用沟通水渠的科学方法为人民解决了重大水患,也算保住了河伯的清誉。

值得一提的是,在春秋时不肯祭祀黄河的楚国,到战国时也加入了祀河大军。屈原的《九歌》中就有一篇单唱河伯的作品——《河伯》。可见,此时扩张的楚国已经将黄河沿线居民纳入其"国籍"了。

说到这里，河伯到底有没有名字呢？大约成书于战国的《穆天子传》记载，河伯名叫无夷，据说《山海经》中的冰夷、《庄子·内篇·大宗师》中的冯夷也都是他。

秦朝建立后，根据战国人邹衍提出的"五德终始说"把自己划定为金木水火土中的水德。水在人间的代表，又要找黄河，于是，祭祀黄河也成了秦朝十分重视的国家级活动。"及秦并天下，令祠官所常奉天地名山大川鬼神，可得而序也。"始皇帝命官员们为他们各自管辖境内的山川神建庙供奉，此后，拜祭什么神，人们只需要去祠堂里举行仪式就行了，不用跑那么远了。

河伯的祠堂建在黄河西岸的临晋县，临晋也就成了历史上第一个官方规定的黄河祭祀点。

汉朝一统天下后，对河伯的供奉也丝毫不敢懈怠，按时按节，并且礼品不断累加。如文帝时"其河、湫、汉水加玉各二"，"尤敬鬼神之祀"的武帝深知"河海润千里"的良行，也下令"祠官修山川之祠，为岁事，曲加礼"。到汉宣帝时，"自是五岳、四渎皆有常礼……唯泰山与河岁五祠，江水四，余皆一祷而三祠云"，山川中，只有泰山和黄河每年都要享受国家组织的五次大祭祀。

历来人们祭祀河神是极具功利性的，就是为了祈求河神保佑。但在汉代，大儒们又创造出了新的理解方式。解读《易经》的京房提出"河水清，天下平"的说法，把黄河的清与浊与帝王治理天下的业绩挂钩，赋予了黄河政治上的意义。于是，河神也就拥有了监控帝王统治的职能，因此，对这天工造物的黄河，天子也只能低下高贵的头，不断奉献和拜祭。

汉朝不少皇帝都曾亲临黄河决口现场，亲自参与祭祀，指挥抢险救灾工作。汉武帝元光三年（前132年），黄河在瓠子（今河南濮阳西南）决口，洪水顺势蔓延，周边十六个郡都遭受了严重水灾。武帝先后派遣正直先锋兵汲黯、郑当时等人前去主持堵口工作，可惜效果都不显著。二十三年后，武帝率领群臣亲临黄河决口现场，一边"沉白马玉璧于河"向河神祭祀，一边让随行的群臣自将军以下的齐上阵，"负薪寘决河"。同时，看着众人奔忙在抢险填坑第一线，武帝还灵感大发，创作了《瓠子歌二首》的诗赋，其中的"皇谓河公兮何不仁，泛滥不止兮愁吾人""颓长茭兮湛美玉，河伯许兮薪不属"，都是在向河伯求援。

天子祭祀黄河是什么规格呢？《汉祀令》中明确记载："沈用白马珪璧各一，衣以缯缇五

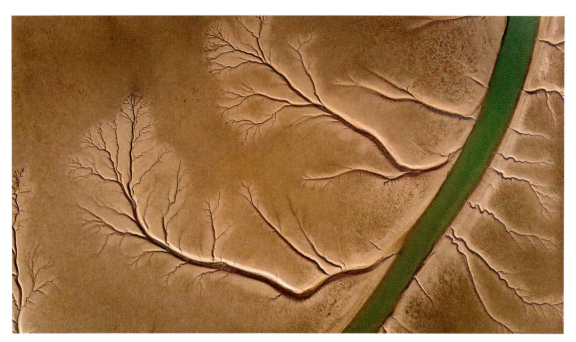

黄河口湿地支流密布，仿若大地的脉络　视觉中国

尺，祠用脯二束，酒六升，盐一升。"不仅有璧玉和交通工具，甚至细致到了衣服、酒肉和调味料，真是无微不至。

然而，在如此尊神的情况下，到唐宋时期，河神的地位竟然被明升暗降了。

祭河，活着！

《旧唐书·玄宗本纪下》记载："五岳既已封王，四渎当升公位，封河渎为灵源公，济渎为清源公，江渎为广源公，淮渎为长源公。"唐玄宗将五岳和四渎的神灵都纳入自己的管理系统，亲封他们为功臣勋爵中的公爵。

宋仁宗也效仿，将河神加封为"显圣灵源王"。到了元代，王已经是帝之下最大的了，再给河神升职怕是不方便，于是只好在他的名字上下功夫，元顺帝封河神为"灵源神佑弘济王"。字多了，看起来也更威风。

虽是天子亲封，但这显然是对神灵的"矮化"，神由天地孕育，皇帝作为肉体凡胎，即便地位无限提升后也不过是天之子，在世俗等级上，他们本就应该低于神灵，可皇帝们一朝权在手便敢为神主，这背后究竟经历了什么变化？

原来，此时的河神早已不是当初那个"天造地设"的河神了。

魏晋时期，世事动荡，人们渴求一种超自然的解脱，于是归隐和修仙风气盛行，传出了不少"人一入山便成仙"的故事。在这个大环境下，各种仙人层出不穷，壮阔的黄河之神也逃脱不了"命运"的编排。《搜神记》中说："宋时，弘农冯夷，华阴潼乡堤首人也。以八月上庚日渡河，溺死。天帝署为河伯。"从此，河伯不再是神秘缥缈的神祇，而拥有了由人化仙的身世，这是当时将人仙化的典型手法。

成神，这不应该是对有贡献者的奖励吗？淹死之后就位列仙班，编排得似乎没什么逻辑，但其实，这大概有点类似于"因为自己淋过雨，所以总想给别人撑伞"的心理推演。神话故事中的精卫鸟就是如此，她自己淹死后便想填平东海，以免他人再遭此横祸。因此，让受过苦的人就地成仙成神，他大约会更有同理心，从而保护民众。民间不少神祇如妈祖等，都是这样成仙的。

此创意一出，河伯就不用做掌控全局的神了，他有了很多分身，历史上那些著名的与黄河有过羁绊的人都成了河神。某些地方认可汉初丞相陈平，某些地方推崇上古治水能人大禹，另一些地方又有河神泰逢氏的说法。毕竟，黄河那么长，支流遍布，只有多设几个神才能更有效地倾听下方的祈祷，不渎职嘛。

既然河伯的身份成了人间曾经的臣子或普通人，那么天子凌驾于他们之上，又反过来亲自给他们盖章册封，自然就是顺理成章的了。

明清时期，河神的多元化成功回应到了奖励上，但凡是历史上治水有功的都被民众推崇为河神，奉为"黄河大王"。清人朱寿镛著写的《敕封大王将军纪略》中一共记述了6位大王和64位将军，他们都曾是治河的功臣，这也是人们崇拜英雄的普遍心理的体现。

河神最后的威风出现在清朝的雍正帝时期。雍正元年（1723年），雍正帝对黄河各段堤坝的建设十分重视，在命臣子进行加固的同时也主持河神祭祀活动，并为此建造了一座庙宇。据说建成时河水清澈，完成"河清海晏"的帝王业绩，因此，这座庙便取名"嘉应观"。这是现今保存最完整、规模最大的河神庙，现存古建筑249间，是国家4A级旅游景区。

祭祀黄河，本质是远古时期人们对黄河决堤、移位造成重大灾情后无奈又积极的响应，虽然后来在与黄河的"斗争"中人们已经采取更主动的挖、堵、疏等方法进行治理，但人在自然面前是渺小的，人们无法完全摆脱对神灵的依赖。祭河这项在当代人看起来略带迷信色彩的活动，也是人与黄河、与自然抗争的缩影，更是华夏先民努力生活的写照。

河南焦作武陟县嘉应观　视觉中国

永远的大汗：超越时空的信仰与守候

在世界众多壮丽大河中，黄河的流向可谓独具特色。它自兰州，甘肃省的首府，蜿蜒而过，然后突然转向北方，一直延伸至内蒙古自治区的巴彦淖尔，再犹如一条巨龙东行。在内蒙古的托克托县附近，黄河进行了一次壮丽的九十度大转弯，进入了晋陕大峡谷，形成了一个宏伟的"几"字形。这片土地被中华民族的母亲河所环绕，构成了古代人称之为"河套"的鄂尔多斯高原。

而在鄂尔多斯高原东南部伊金霍洛旗西南15千米处的甘德利敖包之巅，坐落着成吉思汗陵。其建筑面积1500多平方米，陵园占地面积5.5万平方米。在翁翁郁郁的松柏丛中，三个蒙古包式的大殿一字排开，气象森严。穹顶之上用黄蓝相间的琉璃瓦砌出的云纹和飞檐上精美的彩绘，富有瑰丽的草原特色。其主体是中央纪念堂，高20多米，下部为八角形，内置通柱，上出重檐，蒙古包式穹庐顶。整个建筑雄浑肃穆，浑厚中透着典雅。

"一代天骄"成吉思汗是草原孕育的英雄。据史料记载，成吉思汗于1227年去世后，葬在不儿罕·合勒敦的大山之中。后妃、诸王从四面八方前来奔丧，由于远近不一，三个月后，还有人陆续前来哀悼。随后，葬地"以万骑蹂之使平，杀骆驼子于其上，以千骑守之，来岁春草既生，则移帐散去，弥望平衍，人莫知也"。因此，成吉思汗陵祭祀的是成吉思汗的英灵而非遗体。

祭祀英灵，这与蒙古族信仰的原始宗教萨满教有着密切联系。在萨满教的信仰中，相信万物有灵，人死之后，灵魂将会永存；同时作为蒙古民族的缔造

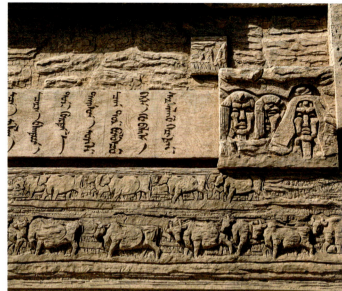

成吉思汗陵　视觉中国

者，成吉思汗赢得了蒙古族人民的英雄崇拜。所以，对成吉思汗英灵的祭祀，表达了蒙古族萨满教的信仰精神，同时也饱含了蒙古族人民对成吉思汗的敬仰之情。

从此之后，祭奠成吉思汗的圣灯就从未熄灭过。这是因为，世界上没有任何一个其他帝王能像成吉思汗这样拥有属于自己的守陵部落——达尔扈特人。"达尔扈特"是蒙古语Darqad音译过来的，也写作"达尔哈特"，本意为"得自由、自在"，引申为"免除徭役者""有神圣义务的人"。传说成吉思汗去世后，他的继承者从宫廷守卫者中挑出500户专门守陵，这些守陵人就被称为达尔扈特人。相传这些守卫者是成吉思汗麾下8位功臣的后裔。

元至元三年（1266年），成吉思汗的孙子元世祖忽必烈在大都（今北京）建太庙"八室"，祭奉祖先，完善了祭祀制度。至元十九年（1282年），忽必烈进一步钦定成吉思汗"四时大典"，并册封专门管理祭祀事务的官员，让其编写祭文、祭词、祭歌，使成吉思汗祭典日趋规范。

到了清康熙三十五年（1696年），政府重新编成500户达尔扈特，专门负责成吉思汗宫帐的守护、管理与祭祀事务，在清代《钦定理藩院则例》中就有这样的记载："伊克昭境内向有成吉思汗园寝，其鄂尔多斯七旗，向设有看守园寝、承办祭祀之达尔扈特五百户，每年共出银五百两以供修理祭礼之用。"这使成吉思汗祭典日益完善，完整地传承至今。

祭祀成吉思汗的仪式繁多且复杂，全年有三十二个小祭和日常的日祭。祭祀仪式最大的

成吉思汗陵画像　视觉中国

特点是，几乎每种祭祀礼仪中都要围绕祭祀主体转圈，方向都是顺时针，且都是三圈。

在各种祭祀成吉思汗的活动中，最重要的是四次"季祭"，也叫"大祭"。春季是农历三月二十一日的查干苏鲁克大典。夏季为农历五月十五日的淖尔大典。"淖尔"在蒙古语里是"湖泊"的意思，五月的草原苍翠丰沃，是牛羊等牲畜产奶的高峰季节，此时举行淖尔祭，象征牲畜的奶水如同湖水一样丰盛、绵绵不绝。秋季为农历九月十二日的斯日格大典，也称"禁奶祭"。从这天开始，人们不再挤母马的奶，并解开小马驹的缰绊，让它能自由地吮吸母马的奶汁。冬季则为农历十月初三的达斯玛大典。"达斯玛"在蒙古语里是"皮条"之意。据鄂尔多斯当地人相传，成吉思汗出生时就是用山羊皮条包扎脐带的。达斯玛大典就是为纪念成吉思汗出生而举行的祝福庆典。

在"季祭"里，春天的查干苏鲁克大典是最重要、最隆重的一次祭祀仪式。传说，成吉思汗五十大寿之际，忽染疾病，两月后方愈，遂谓从此了结了81天的凶兆。因此，便在农历三月二十一日这天，拉起万群牲畜的练绳，用九九八十一匹白马之乳，向九天祭洒，并将"溜圆白骏"涂抹成白色，谓之玉皇大帝的神马。另外还有一种传说，是说在成吉思汗五十岁的那年春天，恰遇罕见的荒年旱月，成吉思汗认为春三月主凶，必须使之化吉。于是就用许多匹白马之乳向九天祭洒，又选出一匹灰马，用白缎披挂，作为神骏加以供奉。经过这样一番仪式后，果然逢凶化吉，天降甘霖，牧草丰茂，牛肥羊壮。从此，牧民便将这次祭祀称为查干苏鲁克（蒙古语意思是"洁白的畜群"）大典。

每年的农历三月二十一日为查干苏鲁克大典的主祭日，因为众多民众从四面八方赶来，所以实际上大典从农历三月十七日开始，一直要延续到农历三月二十四日，长达八天。其中，农历三月十八日的祭祀活动最为隆重、神圣。当日辰时（上午八九点），从成吉思汗宫帐里请出成吉思汗和孛尔帖的灵柩，再移入弓箭宫帐，用白色骆驼拉到"吉格之地"（祭坛）。灵柩仪仗队里，走在最前面的是守护弓箭白宫的两名达尔扈特人，他们背负成吉思汗弓箭，意味着成吉思汗生前的宿卫队仍然在保护着大汗的安全。成吉思汗的鞍辔安放在两匹银合马上，有专门的达尔扈特人牵着跟在后面。其后跟随着的，就是运载着成吉思汗灵柩的黄车，黄车外部全部用宫帐围起来，包括车轮。从四面八方赶来参加查干苏鲁克大典的众多蒙古族群众则跟在最后面，热热闹闹，浩浩荡荡。到达吉格之地后，成吉思汗和孛尔帖的灵柩就被安放在临时搭好的成吉思汗金殿中。

2023年春季查干苏鲁克大典现场　视觉中国

春季查干苏鲁克大典现场的蒙古族同胞　视觉中国

牧民骑马参见 2023 伊金霍洛查干苏鲁克大典 512 搏克精英大赛　视觉中国

游客在春季查干苏鲁克大典中祈福　视觉中国

春季查干苏鲁克大典现场　视觉中国

参加春季查干苏鲁克大典的儿童　视觉中国

随后的几天里，各种祭祀仪式陆续举行。农历三月十九日是个人祭祀时间。二十日晚，是成吉思汗家族（"黄金家族"）后代为祖先之灵焚食祭祀的日子，相当于普通人家的家祭，蒙古语称为"嘎日利祭"。这一祭祀仪式的主持人，由黄金家族的后裔担任，也被称为"家官"。在家官的带领下，众人进入金殿先献哈达，其次献神灯和香，最后献酸奶圣酒。其后出来锁闭宫门，绕转二十七圈。再次开启宫门并献神灯和香，不同的是，这一次他们要举着火炬冲向设在不远处的三堆木柴，举行焚食祭祀，与此同时，他们嘴里还须呼唤祖先的名号并进行膜拜。

农历三月二十一日则是查干苏鲁克大典的主祭日。首先举行的是金殿小祭，紧接着是传统的成吉思汗祭天仪式。祭天仪式由济农（汉语"亲王"的音译）揭幕。济农手持祭器，将鲜奶从宝日温都尔圣奶桶中三舀三祭，然后将祭器转交各旗的主持者，众人分别洒祭。整个过程可能持续几个小时之久。

到了二十三日就开始做结束的准备工作，要对运送成吉思汗灵柩的黄车进行祭祀。二十四日，举行八白室返回的祭祀仪式，成吉思汗和孛尔帖的灵柩要像被请来时那样，再次被请入弓箭白宫，由白色骆驼拉着、达尔扈特人护送着返回。至此，整个查干苏鲁克大典才算结束。

在一代代守陵达尔扈特人的传承下，延续了近八百年的成吉思汗祭典，依然保留了13世纪的蒙古族帝王祭祀仪式。在内容上主要表达对长生天、祖先、英雄人物的崇拜；在祭奠形式上再现了蒙古民族古老的火祭、奶祭、酒祭、牲祭、歌祭等礼仪，已然成为形式独特、内容丰富、内涵深刻的非物质文化遗产。

山西临汾洪洞历山娘娘庙：三月三走亲戚民俗活动　视觉中国

"走"出来的亲戚

圣王聚集地

如果对民俗文化没有很深的了解，那么，大部分外地人知道洪洞县大名，可能都是因为著名的京剧片段《苏三起解》。其实，这里还是传说中的上古圣王帝尧的家乡。

洪洞县属于今天的临汾市。临汾，就是靠近黄河第二大支流汾河的意思。这里古称平阳，《帝王世纪》记载："尧都平阳。"所以，时至今日，在临汾市的行政区划里，仍旧有一个尧都区。

尧都区与洪洞县在行政概念上相当于平级，并没有下辖关系，那么，在尧都的尧帝，怎么又变成洪洞县人了呢？因为，首都只说明唐尧时的政治中心在这里，关于他的老家在哪个"屯"，洪洞县人有自己的说法。在洪洞县下辖的甘亭镇羊獬村，当地人认为，尧是他们这儿的人，并给出了自己的传说版本：

据说当年尧帝在位时，一个叫周府的村子里，有一头母羊生下一头独角羊。按东汉杨孚写的《神异经》，以及《太平御览》引东汉王充的《论衡》等书记载，一只角的羊叫獬豸（xiè zhì），是传说中的神兽。神兽带有自己的专属技能，《后汉书·舆服志》说："獬豸，神羊，能别曲直。"《论衡》也记录："（獬豸）性识有罪。皋繇治狱，有罪者令羊触之。"这么看来，这个神兽还是个判案高手。

当有人把神羊降生的消息报告上去时，尧帝很有兴致，携家带口地跑来围观。尧的司法官皋陶适时开启吹捧模式，说圣王时期才有神兽出世，神羊能降

临，证明统治者干得很不错。尧帝听后一高兴，就把这个地方赐名为羊獬村。更神奇的是，当时即将临盆的尧帝的夫人也在围观行列，看了神兽后，她大受感召，在这里生下了二女儿女英。于是，尧帝当即宣布把家搬到这个既出神兽，又生神女的小地方。

这个说法，自然只是民众对名人故事的再加工，是他们对祖先神认同和信赖的表现之一。中国人自古就十分重视对祖先的祭祀，并形成了浓厚的祖先神信仰。从殷商时期残酷又隆重的人祭，到现在逢年过节简化的点香、烧纸钱等仪式，无一不是人们尝试与祖先建立联系的方式。羊獬村村民除了祭祀自己已故的直系长辈外，还非常有文化意识地追溯到了这位有史可查的圣王，为他塑身立庙。根据1917年《洪洞县志》记载，羊獬村的尧庙（1948年临汾战役时被毁，1989年重建后叫唐尧故园）是元至正十四年（1354年）初建的，至少在当时，帝尧已经成了这一带人的共同信仰。

山西作为华夏文明发源地之一，远古遗迹远不止这一例。跟羊獬村类似的，是与它相距35千米左右的历山。历山是一座小山脉，主峰海拔2321.8米，被取名舜王坪。看到这里，答案已经呼之欲出，没错，历山"住着"与尧帝齐名的圣王舜帝。

不过，其实按《史记》记载，历山并不是舜帝的老家："舜，冀州之人也。舜耕历山，渔雷泽，陶河滨，作什器于寿丘，就时于负夏。"冀州并不是专指现在的河北，而是大禹划定的九州中的一个大州，下辖地域非常广泛，山西就在其中。而舜帝与历山的关系是，他只是曾经在那里耕种过。他的人生经历非常丰富，还曾在雷泽打过渔，在黄河岸边和寿丘做过陶器。作为圣人，舜所到之处，当地风气都会为之一变，人人成为道德君子。比如有文字记载："舜耕历山，历山之人皆让畔。"

禅授光明心学切要九官公忠萬世大孝

帝舜

《帝舜像》（明代） 视觉中国

山西运城历山舜王坪景区　视觉中国

《孟子》里对舜的籍贯也有所提及："舜生于诸冯，迁于负夏，卒于鸣条，东夷之人也。"说他的出生地叫"诸冯"，但至于诸冯在哪里，并不清楚。历代地名经常变更，孟老夫子又没有给它框定出当时的属地，于是，这个地名就成了当今的名人籍贯争议地。

比起诸冯位置的模糊，舜帝曾在历山耕种过的事倒是更明确，因为这是太史公在《史记》里亲自"盖章定论"的。《嘉庆重修一统志》也记载：历山在冀城县东南七十里，相传舜耕于此，上有舜王坪。这算是中华民族的共同记忆。所以，历山人也很有荣誉感地认定，他们就是舜帝的后代，并为舜帝立庙祭祀。《洪洞县志》说，历山西圈头村的舜庙，是宋仁宗天圣七年（1029年）建的，算来也有将近一千年历史了。

尧与舜之间，除了君臣关系，还有一层更亲密的羁绊。《史记》记载，舜帝本名重华，为人厚道实在，品行端正，在尧帝求贤时被大臣们一致举荐了上来。为了考察舜，尧帝一面派他到处干活，一面把两个女儿娥皇、女英双双嫁给了他，让女儿亲自监视他，获取一线情报。最终，考察的结果自然没有让尧失望，于是，工作了大半辈子、一心想退休的尧，就把天下共主之位传给了舜。

出嫁女即是夫家人，更何况是身份尊贵的女子，娥皇、女英很快就受到当地民众的认可，并被升格成了与舜帝有同等地位的神祇。中国自古就是多神信仰。当人们遭受困苦，对处境无能为力时，求诸神的庇佑是普遍心理。所以，华夏境内处处有神仙，各式各样的庙宇遍地开花。那么，娥皇、女英的庙祠是什么时候建立的呢？具体的时间已经无处可考，但根据雍正九年（1731年）的《洪洞县志》记载，明万历年间的洪洞县学子邢大道，曾为县丞骆任重撰写过一篇《英山神祠记》，英山是历山的别称，而文章里已经有了"姑姑"的身影。姑姑就是指娥皇、女英二人。可见在当时，拜姑姑在当地已经很普遍了。据说，直到现在，娥皇、女英二神也相当垂怜百姓，几乎有求必应。

走亲活动背景

大概正是因为娘娘庙灵验，对已经出嫁从夫的娘娘，羊獬人也与有荣焉。他们没有选择进入狭隘地抢名人环节，而是选了一条最符合民情的路线，希望共享这两位祖先——融合民间出嫁女回娘家的传统习俗，提出每年把两位女神接回羊獬住一阵。

清代《百美新咏图传》中的娥皇、女英　视觉中国

你是婆家人，我们是娘家人，形成交往，共同祭祀两尊女神，不仅不会引发矛盾，还应当是一段美谈。两地村民经过协商，都乐见共同的祖先信仰得以延伸和覆盖到更广泛的地区，于是决定共同完成这一仪式。每年三月初三，羊獬人到历山的圈头村把两位女神接回娘家，阖家团圆，让她们享受娘家人的供奉。到了四月二十八，当地传说的尧帝的生日这天，贺完寿诞后，再由历山人把两位娘娘接回去。这两趟仪式被称为"走亲"。

所谓走亲，不只是让出嫁的娥皇、女英回来走个亲戚，更是两地人自己在"走"亲。因为，随着两地人达成共识，羊獬这个尧帝后代，与历山的舜帝后代，也按祖先神的亲属关系，互相称起了亲戚。

亲戚一般指跟自己家庭有婚姻关系或血统关系的家庭或它的成员，除此之外，还有认干亲的模式。这是属于群居动物的人类对外求诸社交和发展的手段。本来，在通信和交通都不发达的年代，相邻的两个村基本都是由一个或多个家族发展起来的，又因村际之间频繁通婚，几乎家家户户都沾亲带故，也因此，村与村之间本身就很容易把地缘关系亲缘化，所以古来就有"乡亲"一词。但像羊獬和历山两个地方这样，以祖先神的传说为纽带，再通过走亲的方式结为群体亲戚，形成稳固持续又密切的虚拟亲戚集团，完全是一大创新。

实际上，结为亲戚村的也远不止羊獬和历山两地。羊獬接姑姑的路线要横穿汾河东西两岸，沿途要经过二十多个村子。随着年复一年走亲活动的进行，这些本来不在传说范围内的村子，也积极加入了接亲活动以及这个信仰圈，开始见面就互相喊亲戚了。

这二十多个村子分别是：羊獬、屯里、洪堡、南马驹、北马驹、赤荆、赵村、西乔庄、兰家节、神西、东圈头、西圈头、石家庄、韩家庄、杨家庄、万安、东梁、西梁、垫堡、新庄、西李、白石、杜戍等。那么，村落之间该怎么算辈分呢？

通过《史记》我们知道，尧是舜的岳父，所以，历山人自然要比羊獬人低一辈。历山人称舜帝爷爷，喊娥皇、女英娘娘。娘娘既是对神的统称，也有奶奶的意思。羊獬人则把舜帝叫姑父，把两位娘娘喊姑姑。这种称呼是中国古人独创的亲戚名称——娘家的小辈，要喊出嫁的姑娘叫姑姑，姑姑的丈夫就是姑父或姑爷。所以，算下来，历山人得称呼羊獬人为表叔或表姑。当然了，实际的称呼，当地民众并没有完全遵照这个模式，因为还要照顾当代人的年龄。否则，70岁的历山人见到羊獬3岁的孩子都得喊表叔，实在有点滑稽。因此，大家只是笼统地互称亲戚。

山西临汾洪洞羊獬村举办千年民俗活动"接姑姑" 视觉中国

山西临汾洪洞走亲习俗 张云/中新社-视觉中国

其他跟着加入走亲活动的二十多个村子，则以汾河为界，河东人跟着羊獬当长辈，河西人跟着历山当晚辈。这些村落，就这样凭着四位传说中的人物，愣是走出了一个国家级非物质文化遗产项目——"接姑姑、迎娘娘"活动。

"接姑姑、迎娘娘"活动

这个非遗项目的过程有多精彩呢？我们来复原一下。

前文说，接姑姑是农历三月初三开始，但实际上，因为绕行的路途遥远，整个活动又越办越隆重，涉及许多复杂的祭祀仪式和多村活动，所以，三月初二，羊獬村村民就得出发。

每年三月初二的上午，羊獬接姑姑的队伍就要在村内的唐尧故园集合。大家齐聚在姑姑庙前的广场上，由该年度选出来的活动总指挥示意活动开始。随着一阵阵直冲云霄的"威风锣鼓"声，指挥官带着各位代表到姑姑神像前请香，告知姑姑们自己要出发了，再到园内尧帝的寝殿里跟老父亲辞行。虽然只离开几天，但孔夫子说，子女要做到"出必告，返必面"。辞行仪式结束后，指挥官宣布启程，全体村民下跪拜别。接着，几名男性成员抬着专门为娘娘神像准备的"驾楼"，再次绕到尧王殿辞行，随后离开园区。

接姑姑的队伍不说人声鼎沸，那也是声势浩荡。有专门点礼铳的，有骑车开道的，有敲锣打鼓的，有举着各色彩旗的，抬驾楼的前后左右还有举万人伞和龙凤扇的，整个仪仗队前后长达几百米。扛着这样的重家伙，自然不能一路走着去。队伍走出不远后，所有人集体登车，御风驰骋。当然，驰骋也只能偶尔潇洒，因为，他们一路上还有不少任务，如遇河则下车，遇庙则拜等。比如，经过山西人的母亲河汾河时，这个本来就带着浓郁神秘氛围的队伍，就得全体下车祭祀河神，然后再上车赶路。

过程看起来烦琐，可每一步，都是人们敬畏自然的表现。

从羊獬出发后一路上要经过的村子，分别是屯里、洪堡、南马驹、北马驹、赤荆、赵村等，每到一个村，该村的人都会在村口敲锣打鼓欢迎，还要设置香案或神龛。礼貌是相互的。羊獬人也要做出回应，全体下车，敲打着手里的家伙，走到香案前点支香祭拜一番。随后，队伍没车坐了，要敲锣打鼓地在村子里穿过，告诉人们，一年一度的民俗盛事开始啦。

山西临汾洪洞走亲习俗　张云/中新社－视觉中国

而为了缓解羊獬村民长途跋涉的劳累，沿途村子里家家户户都要在门口放张大桌子，上面摆上香炉、茶水、点心等，接姑姑的羊獬人可以充分"零元购"，解渴或充饥。

如果村里也建了娘娘庙，队伍则必须亲临娘娘庙，再挨个祭拜一次。相应地，这些负责"接待"的村子，村民也会对羊獬村抬来的"驾楼"跪拜祭祀。有些组织性强、年轻人多的村子，还会组建自己的威风锣鼓队，跟羊獬人对着敲。仿佛声音越大，越能上达天听，吸引过路神仙观望和赐福。这种对赛，既让自己有参与神圣仪式的荣誉感，又可以加深对彼此的认识，同时，更给农村生活增加了乐趣和记忆。

羊獬村的接姑姑队一个个村子停留和参拜下来，走到西乔庄，已经是午饭时间了。于是，西乔庄的人就要负责为他们提供一顿"腰饭"。腰是人身体的中间部位，腰饭也就是一天三顿饭中的午饭。这顿饭并非西乔庄请了掌厨大师傅做了大锅饭，而是村民们各自随机或拉关系好的人到自家吃饭。虽然各村人对接姑姑仪式的参与程度不一，但大家对同一个祖先的认同感是一样的。

接下来，过了兰家节，队伍就进入历山丘陵山区了。依然是村村穿行，见庙就拜。快到历山娘娘庙时，历山这边早有差不多规模的欢迎队伍在等候了。两支队伍热情地寒暄问好后，一起步向娘娘庙。此时，又是一个热火朝天的时刻。两村人会在娘娘庙的台阶上摆开阵

山西临汾洪洞村民在历山庙娘娘殿内祭拜　张云/中新社−视觉中国

势，斗威风锣鼓，一个台阶就要敲一首歌的时间。有时候，参与者过于投入，加之围观群众起哄，斗鼓环节要闹到天黑才结束。围观群众多达上千，是名副其实的大场面。

历山的庙宇群，也有舜王殿、尧王殿和娘娘殿。一番热闹之后，两支队伍还要去二王殿和娘娘殿上香，这才算完成这一天的工作。接下来，又是各家拉"亲戚"们回家吃饭和住宿。为了迎接亲戚的到来，让他们有宾至如归的感觉，历山人头一天就要大扫除，洗晒被子；杀家禽家畜，准备丰盛的食物。

第二天，三月初三正日，附近的村民都要到娘娘庙上香；同时，提供各种吃喝、游戏的小摊贩才是真正地"赶庙会"，集体出动，占据了庙后两侧的路面。

这天，羊獬和历山两地村民都继续穿红着绿，挥舞彩旗，在鼓声和鞭炮声里完成各种祭祀活动。仪式进行得差不多后，历山人隆重地请出娘娘神像，交给羊獬人，由他们放置在准备好的驾楼里。到中午时分，羊獬人准备起驾回去，历山人则集体下跪拜别。

当地有婚嫁不走回头路的传统，所以，羊獬队伍不再走原来的路线，而是途经石家庄、韩家庄等村，到达杨家庄吃腰饭。到傍晚时分，就要走到一个叫万安的村子。这里和之前路过的村落不同，当地人宣称万安是舜帝的老家，也建了规模宏大的娘娘庙，和历山一样，他们也会积极参与接送活动。当羊獬队伍邻近万安村时，当地彩旗翻飞的接娘娘队伍也已经在路上等候了。

两支队伍汇合后，继续步行几里路，到达万安的娘娘庙，又叫圣母行宫。行宫是指古代帝王出行时居住的宫室。羊獬人把驾楼恭敬地停在圣母行宫殿内，然后和在历山时一样，被万安村民三五一群地招呼回家吃饭、睡觉。

一个安稳觉补足了精神，三月初四，羊獬队伍再经历一次送别又启程，路过东梁、西梁、塾堡、新庄、西李、白石、杜戌（在此吃腰饭）等村，大约傍晚时分终于赶回羊獬。羊獬也有欢迎仪仗队——女子锣鼓队像迎接凯旋的英雄，在村口敲锣打鼓迎接。两支队伍合而为一，会在村子里大张旗鼓地走一圈，告诉人们姑姑已经被接来，可以来参拜了。村民们早就在盼着这个时刻，集体出动，跟着队伍来到唐尧故园。两位女神的神像放进姑姑庙后，村民们开始上香并念祝词，请姑姑回自己家享受供奉。

虽然无法知道这个活动究竟起源于何时，但据当地人说，他们祖祖辈辈都在参与，延续了几百年，从没中断过。在当地人心中，这是完全根植于心中的神圣仪式。因为信仰，人们绝不能让自己敬仰的姑姑断了香火。

为了每年的走亲活动，各村不仅自发地建立了一套信仰体系，更组建了庞大的虚拟亲戚群。有了亲戚头衔在，就多少有了亲密感情的维系，乡民们的相处也更融洽。每每遇到别村有困难，"亲戚"的责任感会引领你去伸出援手。这无疑是乡间自治的成功案例，颇有《史记》中舜王治下的遗风。

山西临汾洪洞大槐树寻根祭祖园　视觉中国

洪洞大槐树，何以承载华人的乡愁？

　　1991年4月的一个夜晚，成千上万只小鸟突然从天而降，齐齐往山西省临汾市洪洞县飞去。它们先飞往洪洞县委、县政府院内，然后云集到大槐树祭祖园，黑压压的一片。此时，正值洪洞县首届寻根祭祖节。4月1日至10日，寻根祭祖园内举行寻根祭祖仪式，主祭日为清明节。群鸟白天盘旋在祭祖园的上空，晚上则纷纷落下，栖居在祭祖园的树丛中。它们"来时鸣音响亮，去时叫声凄凉"，洪洞人称它们为"思乡鸟""吉祥鸟"，也有人遐想，这些鸟儿是大槐树移民死后幻化而成，他们"生不能归故里，死后化作鸟儿，也要飞回故乡看看家乡的变化"。

　　传说般的奇幻场景，被洪洞人视为祥瑞，也正应和了历史上传奇意味十足的洪洞移民故事。

　　自1991年始，洪洞县在每年清明节、中元节或寒衣节会举办寻根祭祖大典。2008年，大槐树祭祖习俗被列入第二批国家级非物质文化遗产名录，成为海内外山西移民后裔寄托乡情的载体。如今，洪洞县寻根祭祖园则是全国著名的5A级景点，是全国以寻根和祭祖为主题的唯一民祭圣地。

　　沿着山西省临汾市的滨河路，一路紧随黄河支流汾河前进，多车道马路宽阔，沿河风光秀丽，洪洞县寻根祭祖园就在滨河路旁，交通十分便利。进入景区，跨入槐树根根雕大门，寓意着"进了这道门，就是同根同源的一家人"。进门映入眼帘的是景区的标志性建筑——"根"字影壁，这个"根"字是中央工艺美术学院（今清华大学美术学院）原院长、著名书画家张仃题写的，当地

俯拍大槐树寻根祭祖园　视觉中国　　　　　　　　　　大槐树景区"根"字影壁　视觉中国

人对此有很多的释义，尤其是"根"字的最后一笔，"像一个人正在迈步行走的脚"，它体现的是"当年移民先祖外迁时久久不愿意落下的沉重步伐"和"现在移民后裔急切回家纷至沓来的情景"。

景区中的重点文物，自然是传说中的"大槐树"（仿制），以及由它繁衍出的第二、三代大槐树，挨着大槐树的便是广济寺（仿建）。《洪洞县志》中说，明朝初年的山西移民就是在广济寺旁的大槐树下集合，再前往中原各地。

整个祭祖园的核心是祭祖堂，殿内四周绘有52幅移民壁画，供奉着1230个移民先祖姓氏神位，是全国范围内最大的姓氏祠堂，也被称为"天下民祭第一堂"。每年的寻根祭祖大典就是以祭祖堂为核心，全球华人后裔来到祭祖堂前，寻找自己的姓氏神位，跪拜祈福。

山西洪洞大槐树，是中国移民史上辐射范围最广、影响最大的一个移民发源地，大槐树也逐渐成为无数古槐后裔心中"祖先"和"根"的象征。山西为什么可以成为数量如此庞大的移民输出地？又为什么偏偏是其境内的洪洞县大槐树，成了移民及其后代口中念念不忘的故土象征？

这一切不得不从明朝初年开始说起。

正史中的明初山西大移民

山西洪洞大槐树移民的历史，最早可见于宋室南迁时代，学者一般将明朝初期视为洪

山西洪洞古大槐树公园内的
明代移民遗址　视觉中国

民众祭拜先祖
张云/中新社－视觉中国

洞移民高潮时期。明洪武初年至永乐年间的五十余年，是山西人口向外迁移最集中的一段时期，"洪洞大槐树"的根祖意象，也始于这个阶段。

造成山西大规模向外移民的原因主要有三个：一是军事防御需求；二是屯田垦荒需求；三是自然灾害原因。总之，这一时期天灾人祸肆虐，黄河流域的中原地带，因为战乱、疾病、黄河水患等因素，地方人口极度不均衡，经济凋敝，影响了国家的正常运转，需要在中原调配人口，以维持平稳的发展。

首先是元末明初的战乱，导致黄河流域以河北为代表的中原地区人口损失惨重，民生凋敝，大片田地荒芜，严重影响了政府的田赋收入。经过连年征战，明朝亟需大量劳动力去开垦荒地，稳定地方经济，填补财政空缺。明初的山西，境内损失相对较少，民众经过休养生息，人口增长速度快，逐渐形成了人均土地面积少，劳动力相对过剩的情况。"据《明太祖实录》记载，洪武十四年，河南有1,891,000人，河北有1,893,000人，而山西的人口是4,030,454人，是河北和河南两省人口的总和。"

山西位于太行山与黄河中游的晋陕大峡谷之间，境内东西两侧的太行山山脉和吕梁山山脉横卧，地势险要，易守难攻，中原邻省的战乱较少能波及。在两大山脉中间，黄河的重要支流——汾河，为境内提供良好的水系，它经流之地成就了临汾平原，良田多汇聚于此。和华北大平原相比，山西山脉高且多，平原少，人口主要集中在平原区，所以造就了相对"地狭人众"的结果，自然成了向周边输出人口的重要基地之一。

从洪武二十一年到二十八年，朱元璋为了"垦田以实中原"，发动了一场由山西向河北、河南等地大规模的屯垦型移民运动。学者安介生在《山西移民史》中写道，"洪武时期山西地区仅屯垦荒地的移民总数就在六七十万人以上"，这是专家依据有限的数据记载推测而来的数字。史料记载，当时"迁山西泽、潞二州民之无田者，往彰德、真定、临清、归德、太康诸处闲旷之地，令自便置屯耕种，免其赋役三年，仍户给钞二十锭，以备农具"。

在朱元璋大手笔的移民政策影响下，明朝北方人口分布不均的局面得到了改善。可惜，好景不长，朱允炆的削藩政策引发了藩王朱棣的叛乱。几年残酷的"靖难之役"又让中原地区回到了尸骨遍野、人口锐减、大片良田无人垦殖的残败局面。朱棣即位后，再次发起向河北地区大规模移民的运动，而山西又成了重要的移民地之一。

山西太原汾河二库风景区　视觉中国

　　连年战乱之余，中原地区水旱灾害、蝗灾、大饥荒、瘟疫频发，黄河、淮河多次决口，大多数田地都曾被淹没，许多乡村和城郭变成了废墟，死伤无数。据史料记载，元朝至正元年到二十六年，中原多地发生了严重的水旱灾害，其中山东20次，河南18次，河北16次，两淮地区10次。《元史·五行志》也记载，从1341年到1365年，北方共遭遇了19次大蝗灾，十五六次大饥荒，其中以河南、河北和山东最为严重。而这一时期的山西大部分地区相对没有受到严重的自然灾害，反而稳定发展，人口恢复迅速，自然成了向邻省输出移民的第一选择。

　　有专家统计，明代初年，整个山西向外移民数量累计达到近百万之多，移民输出地包括今天的河北、河南、山东、安徽、江苏等省。除了官方发动的大规模屯垦型移民，山西自发性地向外移民，在明永乐之后也大量存在。

　　既然移民来自山西各个地区，可为什么后来大家口口相传的老家，却都是洪洞县大槐树呢？大槐树究竟有什么神奇之处，以至于被久久传颂至今？

大槐树在家谱和传说中被神性化了

中国现存最早的《洪洞县志》修于明万历年间，但让学者百思不得其解的是，全书竟然没有任何章节条目提及洪洞移民历史，也没有大槐树和老鹳窝的痕迹。在正史中，洪洞大槐树移民的记录，最早出现在1917年的《洪洞县志》里，县志卷七中记载：

"大槐树，在城北广济寺左，按《文献通考》：明洪武、永乐间，屡移山西民于北平、山东、河南等处，树下为集合之所。传闻广济寺设局驻员，发给凭照川资，因历年久远，槐树无存，寺亦毁于兵燹。民国二年（1913年），邑人景大启等募资，竖碑以志遗迹（新增）。"

自此之后，山西移民在洪洞大槐树下聚集，再向中原各地移民的故事才开始出现在各地方志中，而且内容越来越丰富。

洪洞县在山西到底扮演什么角色？究竟有什么不同之处，让后人如此铭记？

据学者考证，洪洞县在隋朝义宁年间开始置县，到了宋金时期，它已经是山西南部经济和文化的鼎盛之区。成化《山西通志》记载，除临汾县外，洪洞是平阳府属县内户口最多的县。洪洞县的发展很大程度上得益于它的地理位置。它地处临汾盆地的北端，东部为霍山，西部为吕梁山系，中部是河谷平原，汾河纵贯，土地肥沃。同时，它地处晋南南北东西交通要道，城北有贾村驿。所以，若真如县志中所言，明朝政府把移民局设在洪洞县城北贾村驿旁的广济寺，那大家在寺门前的大槐树下集合，听起来也是合理的。

"但不见诸史，惟详于谱牒"，这句对洪洞大槐树移民历史的总结，出自大槐树迁民遗址创始人景大启汇辑的《山西洪洞古大槐树志》。学者赵世瑜在《说不尽的大槐树——祖先记忆、家园象征与族群历史》一书中总结道：山西洪洞移民的传说，大部分集中在两个特定的历史时期。一是金元北方民族大融合以后，明清汉人重塑族群意识的时期；二是清末民初民族主义意识构造集中产生的时期。总之，在各类传说、家谱中，最迟在明代就有了洪洞移民的说法，"槐树"的痕迹也出现了。

最早记录洪洞移民的家族族谱，是明万历十四年（1586年）江苏丰县刘家营村的《刘氏族谱》："吾家世居山西洪洞县野鹳窝，世远代更，未易追数。"越是晚近修的族谱，吸收传说的内容越多，而且明确写祖先来自洪洞大槐树、老鹳窝的也越多。

有学者质疑，既然洪洞大槐树是数量如此巨大的移民的中转站，为什么再早些时候却没有史书记录呢？相关研究不胜枚举，众说纷纭，但因为缺乏足够的史料论证，并没有统一、确信的结论。但大家都不得不承认的是，不论历史上洪洞县大槐树是否承担了如此重要的角色，它都在移民及其后人的口口相传中，成为不可取代的精神家园，是百万之众共同期盼、思念的乡土，也是民族凝聚力的象征。

关于大槐树移民的传说，非常丰富。其中《胡大海复仇》《燕王扫碑》《三洗怀庆府》《红虫吃人》等传说，说的是洪洞县移民的原因；而流传最广、全国人民最耳熟能详的，有脚趾甲复形、背手、解手等故事。

"谁是古槐迁来人，脱履小趾验甲形。"传说明初移民时，为了防止百姓逃跑，就在每个人的小脚趾头指甲上割一刀作为记号，此后是不是大槐树移民脱袜相认即可，有复甲形的就是。而背手、解手，也是说当时的移民，一个挨着一个，被绑缚押解着前往移民地，想要大小便必须报告押解的官兵，请求"解手"去方便，于是慢慢地"解手"一词便成了今天去厕所方便的同义词，而长期的绑缚，也让移民养成了走路"背手"的习惯。

除了传说故事，移民还编唱民谣，怀念自己的家乡，正是大家耳熟能详的洪洞大槐树歌谣——"问我祖先在何处，山西洪洞大槐树，祖先故居叫什么，大槐树下老鹳窝"。

在移民的口口相传中，"大槐树"从思念故土的依恋载体，变得愈发神性化。传说，当山西移民在新的家园安定后，他们会种下从故乡带来的槐树苗。等槐树长大后，他们就把它当作"祖先"的载体来祭拜。有学者专门针对槐树信仰进行了调研，调查结果显示，在中国山东、河南、河北和山西的很多农村，槐树确实还被当作"神树""吉祥树"来祭拜。移民用"种槐树"的方式怀念故土，祭祀祖先。

大槐树祖先信仰从家族走向国家

大槐树的信仰，随着移民后裔的发展、扩布，被传播到了更加广泛的地域，以至于逐渐从山西的家族内部祖先信仰，发展为全国性的族群信仰。

尽管在明朝初年，官方并不允许民间私修族谱、祭祀祖先，但外迁的移民还是偷偷地修谱牒，立祠堂，时时祭拜，不敢忘本。到了民国时期，政府提倡宗教自由，受此激发，一时间全国各地掀起了重修族谱的潮流。这一举措为后来研究洪洞大槐树移民留下了诸多文字资料。不仅如此，地方志、家谱、墓碑、石刻等载体，都留有山西移民的家族故事和历史脉络。

学者发现，在大量的家谱中，许多家族都将源头追溯到了山西的洪洞大槐树，就连很多家族的堂号、对联都注明了迁自洪洞的信息，如河南省博爱县刘家祠堂的匾额"派衍洪洞"，武陟县大陶村孙氏神位的对联"祖洪洞支迁沁左，籍山西裔延河南"。

这一时期，山西移民后裔寻根问祖的热情尤为高涨，在移民后裔集中的河北、河南、山东等地，认祖归宗的愿望更加迫切。1914年，曾在清末任山东观城、茌平等县典史的洪洞贾村人景大启卸任回乡，因"深感异地移民对洪洞大槐树的深厚感情"，和刘子林等人募得白银390多两，在传说中的古大槐树处竖碑建坊，筹建了最初的古大槐树遗址。

民国时期，全国民族主义情绪高涨，一是因为清末遭受了外族入侵，亡国威胁激发了国民爱国爱乡的群体意识；二是爱国的社会精英阶层设法重塑民族凝聚力，唤醒民众的集体意识，共同建设新的家园。在官方倡导、社会精英阶层和民众自发的多重作用下，作为族群象征的洪洞大槐树信仰，逐渐从家族内部祖先敬拜，走向了国家公共信仰。

清明节祭先祖　视觉中国

改革开放后，由于经济发展，政策宽松，陆续有山西移民后裔从全国各地回到洪洞大槐树祭拜祖先，更有诸多来自国外的移民后代率寻根祭祖团多次到大槐树举行祭祖活动。洪洞大槐树跨越了漫长的历史，见证了移民外迁的艰辛、移民后裔的勇气和魄力，也见证了一个家族、一个国家的发展脉络。它不再是简单的区域性的象征，而是跨越了区域，乃至国界，成了全球华人心中不可替代的祖先载体。大槐树寻根祭祖的活动更是从民间自发的行为，走向了制度化的官方活动。

为了顺应民意，满足广大移民后裔寻根祭祖的心愿，1991年4月1日至4月10日，洪洞县人民政府举办了第一届洪洞县大槐树寻根祭祖节，拉开了大槐树正式公祭的帷幕。第一届祭祖节，吸纳了数百年民间祭祖活动的祭祀仪规，将历史悠久的大槐树祭祖习俗变成了官民合祭的盛大民俗活动，得到了海内外移民后裔的积极响应。至今，大槐树祭祖节已经举办了33届，大槐树祭祖习俗更是在2008年就被列入第二批国家级非物质文化遗产名录。

祭祖大典一般于清明节在洪洞大槐树祭祖园内举办，仪式隆重，参与者众。大批大槐树移民后裔从全国甚至世界各地归来，怀着一颗虔诚的心来到大槐树下祭拜移民先祖。祭祖大典仪式也越来越丰富、规范，而伴随大典的其他民间文艺活动和商业活动也是百花齐放，精彩纷呈。

4月5日清明节是主祭日，在这一天，祭祖仪程将按照迎请神主、敬香通神、典帛安神、敬献供品、奠酒献礼、敬致祝文、敬献乐舞、饮福受胙、鞠躬辞神九项流程依次开展。

主持祭祖大典的一般是地方官员，他们诵读祭文，引领各界各业的古槐后裔拜祭"古大槐树"（碑），仪式庄重肃穆。随后，众人还将朝拜祭祖堂，在堂中各自的姓氏神位前，屈身叩首，敬拜先祖。除了清明节主祭日，其余时间有民间文艺展演、商业活动、旅游推广等主题丰富的内容，无论是普通民众，还是商业大贾，都能在祭祖活动中找到归属和乐趣。

山西临汾洪洞大槐树寻根祭祖园举办第三十一届祭祖文化节　视觉中国

山西临汾洪洞县隆重举行大槐村己亥年中元节祭祖大典　视觉中国

陕西韩城汉太史司马迁祠墓 视觉中国

司马迁死后的日子

黄河边的司马迁

据说，那是汉宣帝初年的寒食节令。黄河岸边的夏阳城（今陕西省韩城市）外，已然芳草萋萋、万物清明。一路咆哮的黄河走到了晋陕大峡谷的尾端，在龙门口泄尽所有雷霆气势，化作深沉温厚的流水，完成了她在华夏大地上最后的大转折，向着东海滚滚而去。

天色方明。夏阳城外，一个同、冯两姓聚居的小村落里已是人声喧杂，男女老幼提篮背篓、相携出门。他们行至村西的郊野上，像是要踏青游赏，祓禊除邪，却又在一处墓冢前摆下供桌供果，焚香燃烛，按长幼之序依次敬拜，似是在祭奠。

祭礼过半，忽听远处传来阵阵马蹄声。年纪轻的人攀上树头遥遥一望，只见一队官家仪仗，从西面直奔而来。刹那间，众人脸色大变，赶忙撤去果品香烛，男人扛着器物，女人抱着孩子，逃命般向东而去，直奔到村东外一片坟茔间，迅速重新摆好祭祀之物，煞有其事地叩拜起来。

待众人惶惶不安地等到那队官军行至眼前，一位老者认出了高坐马上之人——太史公司马迁的外孙杨恽。原来，这不是官府遣人捉拿问罪，而是专门护送杨恽回乡祭奠外祖。因为，当今圣上已经准许了杨恽的奏议，《太史公书》可以公之于天下，再也不用藏之于名山。司马迁修撰《太史公书》的功绩得到了朝廷的认可，他也不再是一个因言获刑的罪人。

陕西韩城司马迁祠　视觉中国

那是汉武帝天汉二年（前99年），贰师将军李广利奉命率领三万骑兵出击匈奴右贤王部。飞将军李广之孙、骑都尉李陵自请率领五千兵士奔袭单于王庭，却在浚稽山遭遇匈奴大军，因不得救援乃至粮尽矢绝，终为匈奴所俘。

消息传回长安，天子盛怒，满朝文武气愤不已。唯有司马迁站了出来，说了几句公道话："李陵是个至孝至信的君子，每遇国难，奋不顾身。他率领不足五千兵卒深入匈奴之地，力战至最后一刻而被俘，本属不幸。可满朝文武却因他出师被俘一事群起攻之，甚至夸大罪行陷人于祸，实在叫人痛心。"

后来汉武帝不仅赏赐了李陵的残部，更派遣因杆将军公孙敖带兵深入匈奴境内，想设法救回李陵。可万万没想到的是，公孙敖带回的只有一个从俘虏处听来的传闻：李陵在帮匈奴练兵以对抗大汉。

于是，名震边塞的李家将门被夷族，而曾经替李陵陈情的司马迁落了个诬罔之罪，依律当斩。司马家门素来清寒，根本无钱赎买性命，亲眷友人都恐避祸不及。司马迁保全性命的唯一方式是：受腐刑。

在一遍遍唱叹着"余之罪也夫"后，司马迁接受了这世人眼中有如奇耻大辱的刑罚，只

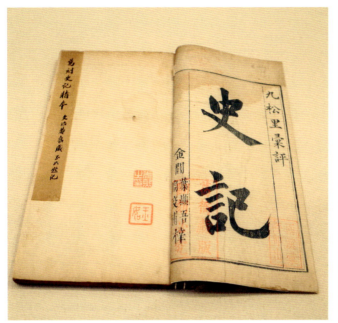

中华古籍《史记》 视觉中国　　　　　　　　西汉史学巨匠司马迁像 视觉中国

为了写完《太史公书》。而从他获罪入狱之日起，故乡的族人们因为惧怕遭受株连，纷纷迁居城外，更将"司马"两字拆开，各添笔画，造了同、冯二姓。

尽管后来司马迁修成了《太史公书》，被朝廷收藏于书府，但却不能公之于世。司马迁执意逝后不入葬祖茔，独眠村西。数十年间，族人们也从不敢光明正大地祭拜。

如今，"李陵之祸"给司马家族带来的阴影早已散去，他们可以堂堂正正地在祖居之地祭祀这位先人，让他的名字如黄河之水，流传千年。他的《太史公书》，就是被后人尊为"史家之绝唱，无韵之离骚"的《史记》。

从龙门出发

"迁生龙门。"这是司马迁在《史记·太史公自序》里亲笔写下的。关于龙门今天的具体位置，无非陕西韩城、山西河津。两座城分列于黄河东西，相望相守，形成了一道控扼黄河之水的天阙龙门，亦称禹门。司马迁生于斯、长于斯，即便他日后踏遍了山河南北，思想接通了古今天人，可终究还是归葬于斯，仿佛要把一生的故事，都交给这片黄河边的土地去诉说。

黄河山西河津禹门口峡谷　视觉中国

黄河龙门古渡　视觉中国

司马迁的父亲司马谈是当朝的太史公，而司马家的史官学脉，可以上溯至虞夏天官、先周太史。不妨想象一下，司马迁在被父母亲抱在怀中说话逗笑时，可能就已经开始听他们絮絮叨叨地讲述祖辈的故事了。那是一颗颗播撒在心底里的修书撰史的种子，其中最重要的一粒，当数大禹治水。

《尚书·禹贡》记载，大禹治水，"导河积石，至于龙门"。幼年时的司马迁，一定会被长辈们领到黄河岸边，望着龙门之下缓和浩荡的大水，听着长辈们的教诲："看！这就是大禹断山绝壁，驯服黄河的地方！"那一刻，司马迁的心潮大约和龙门之上的水流一样，汹涌激荡，大浪排空。

所以，当司马迁长到二十岁，奉父命出门远游时，他首先选择的是"南游江淮，上会稽，探禹穴"。大禹南巡，崩于会稽，遂葬在了江南。司马迁所探禹穴，正是大禹的陵寝。他追随着大禹的脚步，一路搜集上古圣王的传说，不仅为日后撰写《夏本纪》积累了素材，更为修撰《河渠书》打下基础。从大禹时代到汉武帝时期的治河故事，都在司马迁的笔下。

画像石《大禹治水》　视觉中国

《大禹治水图》(唐代) 中国台北故宫博物院

绍兴大禹陵　秦风工作室/视觉中国

当代人从小听到的，都是"大禹治水，三过家门而不入"的传说。可司马迁那时见到的，则是《夏书》中"禹抑洪水十三年，过家不入门"的记载。故事的具体情节虽然有些差别，核心却是一致的，都是对大禹公而忘私的颂扬。

为了治水，大禹陆行乘车、水行坐舟，随着地形山势，疏通流水，终于"通九道，陂九泽，度九山"，划定了九州华夏的版图，但仍有一个大患未能解决——河菑衍溢。圣王大禹最后要应对的，是黄河的泛滥。

他溯河而上，用疏浚之法，将河流自积石山一路引导至晋陕大峡谷中，然后劈开山石，凿断崖壁，打开了黄河水通往广袤平原的出口。原本不足千米宽的河道顿时拓至3—15千米，川流之势，豁然开朗。河水由此"南到华阴（今陕西省华阴市），东下砥柱（今河南省三门峡市砥柱山）"，过孟津、洛汭（今河南省洛阳市），至于大邳（今河南省鹤壁市浚县东南）。为了防止冲出太行的河水在平原上肆意横行、冲毁堤岸，大禹凿"二渠"以分流，引导河水东归大海，天下大安。

自此之后，历代帝王者无不重视河渠之务。司马迁所撰《河渠书》，是古代正史记"水之利害"的首创，亦是他探究"山川鬼神、天人之际"的门径。他从龙门出发，南游江淮，"登庐山，观禹疏九江"；沿河而下，东至"洛汭、大邳"，一窥黄河之势；又溯河而上，"至于朔方（相当于今内蒙古河套西北部及后套一带，即鄂尔多斯西部及巴彦淖尔西南

黄河壶口瀑布孟门山景区 视觉中国

部）"。但真正促使司马迁愤而写下《河渠书》的，还是元封二年（前109年）他跟随汉武帝巡视黄河瓠子口时的一段亲身经历。

瓠子口，开启"水利"时代

汉武帝元封二年（前109年）时，使臣张骞已经找到了黄河"源头"（当时认为河源在昆仑山，但并非真正的黄河源头），但汉家君臣仍旧无法阻止黄河水患带来的灾祸。

早在二十三年前，也就是公元前132年，黄河瓠子口（今河南省濮阳市西南）决堤，汪洋大水横扫东南，与淮水、泗水连成一片。汉武帝虽命汲黯等调集民夫前往堵塞，却屡堵屡决。宰相田蚡说，黄河决口是天意，人力是无法阻挡的，占卜星象的术士们也纷纷附和。于是，二十三年间，瓠子决口下的梁楚之地饱受水患，年年歉收，百姓苦不堪言。直到汉武帝封禅泰山，改元元封后，他终于又把目光投向了瓠子口，命汲黯之弟汲仁调发兵卒数万，再次堵塞决口，以阻水涝。

"瓠子决兮将奈何？"当汉武帝登临瓠子口，悲叹二十年堵塞之功不成后，便开祠祭神，将白马、玉璧沉入水中，献给了黄河。他亲自带领文臣武将背负柴薪，填塞决口，以至于民间都没有了柴木，百姓们只能烧草做饭。最后，朝廷不得不将淇园（今河南省鹤壁市淇县）里的竹子都砍了做成楗木去填塞决口，才终于将瓠子口堵住。为纪念此功，汉武帝于瓠子口建成一座宣房宫，日日夜夜地看着黄河水自此"北行二渠"，而这恰是沿着当年大禹修凿的旧迹。梁楚之地也从此恢复安宁，再无水患。

堵塞瓠子口时，跟随汉武帝左右的司马迁也曾背负几捆柴薪。而瓠子口被成功堵塞，更让朝廷上下看到整治河渠的益处，"朔方、西河、河西、酒泉皆引河及川谷以溉田"。从关中地区至汝南、九江，从东海郡至泰山周边，各地官员纷纷开渠，灌溉农田"各万余顷"，"用事者争言水利"。

以"水利"二字概括人类治理河道、修建河渠以灌溉农田、防治水灾的活动，正是从司马迁《河渠书》开始的，其词义传承至今，从未改变。继《史记·河渠书》后，东汉班固作《汉书·沟洫志》，专门记述黄河水利。其后，黄河安宁了八百年，及至唐末，再度泛滥。故而《宋史》《金史》《元史》《明史》并《清史稿》中，皆有《河渠书》，且大多是反映黄河水患的。尽管

汉武帝像　宝盖头提供/FOTOE-视觉中国

河南洛阳黄河小浪底水库控泄防汛，再现"黄河之水天上来"盛景
视觉中国

河南濮阳台前县姜庄村黄河景象　视觉中国

这些《河渠书》的体例不同，但著书的史官们落笔时，心里追慕的，一定是太史公司马迁吧？

司马迁死后的日子

汉武帝征和二年（前91年），《史记》著成。全书共130篇，有十二本纪、三十世家、七十列传、十表、八书，是中国第一部纪传体通史，为后世史书的编撰设定了范本。

司马迁在最后的《太史公自序》里说，书成之后，"藏之名山，副在京师"。后人多认为，他把正本呈交朝廷，为帝王的"藏策之府"所收，副本则留在京师的家中，交由后人保管。直到汉宣帝时，外孙杨恽上奏天子，恳请将《史记》公之于众、传之世间。

但两千多年来，令人们深感好奇的是，这位为中国留下煌煌史册的太史公究竟是何时消失于历史的，后代的史书对此竟无一记载。距离司马迁时代最近也有较为完整记述的，是东汉班固的《汉书·司马迁传》。

作为后辈，班固盛赞司马迁所作《史记》，"其文直，其事核，不虚美，不隐恶"。他也因司马迁惨遭腐刑而深感哀痛，把他比作《诗经·小雅》里的巷伯，慨叹明哲保身"难矣哉"。但是，班固的资料似乎都来自《太史公自序》和《报任安书》，他的《司马迁传》都没有记下司马迁的生卒年，更没有写明其死因。

南北朝史家裴骃作《史记集解》时，引用了一则《汉书旧仪注》中的史料，称司马迁因为写汉景帝时"极言其短"，写汉武帝也不隐瞒其过错，故而惹怒了汉武帝，"后坐举李陵，陵降匈奴，故下迁蚕室。有怨言，下狱死"。这似乎是说，司马迁因为写《史记》时没有替帝王隐恶，这才被汉武帝穿了小鞋，因李陵一事受宫刑，后来又因为汉武帝心怀怨念，干脆被杀掉了。

但要知道，司马迁受宫刑后不但继续撰写《史记》，历时八年；更"为中书令（皇帝的御用秘书），尊宠任职"。所以，老友任安被判腰斩时曾写信请他相救。且不说裴骃所引论述在时间、事件逻辑上存在问题，就算《汉书旧仪注》真的如此记述，可该书作者卫宏只比班固大十几岁，他能知道司马迁的死因，而为何班固只字不提？难道为了修撰《汉书》也差点丧命的班固会放弃史官直笔的道德准则，为帝王"隐恶"，抹去汉武帝杀司马迁的事吗？

回看司马迁的《报任安书》，其实他早已剖白心迹：司马迁是为了修著《史记》才隐忍

陕西韩城司马迁祠　郭宗义摄　　　　　　　　　　　　　　　　　陕西韩城司马迁祠　视觉中国

苟活的，可他也深知"污辱先人"，没有脸面祭扫父母之坟，更不愿意让后代遭遇同样的困苦，故而独身孤立，承担起世人的讥谤与戮笑。所以，写完《史记》后的司马迁应该会选择老归乡里，悄无声息地离开这个世界，不入祖坟，不设祭祀，不希望再被世人提起。故此，没有确凿史料可以查证的班固，也没有在《汉书》里轻言司马迁的身后之事。

但是，司马迁死后的日子，后人还是会提起他、怀念他、敬仰他。在司马迁的故乡韩城市嵬东乡徐村，每年清明节，村民们都会于前一天午夜前往司马迁墓旁祭祀，搭台唱戏。待东方将明，戏台上灯火骤灭、鼓乐皆停，演员不卸妆、乐师携着乐器，纷纷从台上跃下。村民们也立即拆卸舞台，抬起香案、板凳，一起向着村东的九郎庙狂奔。途中跑掉了鞋子，挤掉了冠帽，也不准找、不能拾。而九郎庙前也早有人在等候，见到有人影从西面来，便立刻击鼓奏乐，重开大戏，比春节还热闹的欢乐时刻也就此开始。

这独树一帜的"跑台子戏"仪式，正是一代代传承下来的祭祀习俗。走进徐村，无论问起谁，他们都会将这个村落的故事娓娓道来。徐村原名续村，乃存续之意。村中人家，不是姓同就是姓冯，正是司马氏的后裔，他们一直在用这奇特的仪式去祭奠太史公。而徐村司马迁祭祀仪典，也因此入选第四批国家级非物质文化遗产代表性项目名录，其背后的历史故事、民俗风情，是独属于这片土地的记忆。滔滔的黄河水走过了千年历史，带走了多少故事，却带不走黄河边的司马迁。

陕西韩城司马迁祠中的石碑　IC photo

第三章

民间传统信仰

泰山　视觉中国

巍巍泰山：中国人的最高信仰

提到中国的传统名山，你会想到什么？

相信很多人最先想到的是"五岳"，这是中国传统文化中五大名山的总称，也就是泰山、华山、衡山、嵩山、恒山。泰山位于山东泰安，华山位于陕西渭南，衡山位于湖南衡阳，嵩山位于河南郑州，恒山位于山西大同。

众所周知，泰山为五岳之长，而黄河与泰山，自古并称"河岳"。《诗经·周颂·时迈》诗中称，"怀柔百神，及河乔岳。"河，是黄河；岳，就是泰山。又有《史记·高祖功臣侯者年表》中说："使河如带，泰山若厉。国以永宁，爰及苗裔。"这是说即使黄河变得像衣带那么窄，泰山变得像磨刀石那么小，封国也永远安宁，而传及后世子孙。可见，经过历史的洗礼与积淀，黄河与泰山被看作中华河山的代表与象征，是国家概念的现实载体，更是中华文明之民族精神亘古不变的源头。

华北平原地处黄河下游地区，古代水患频繁，致使黄河"摇摆"改道的南北跨度达到数百千米，几千年来给人们带来了无穷灾难，先民只有通过祭天敬神来祈求安泰丰登。就这样，缘于在地理位置上的接近，泰山与黄河紧密地联系在一起，成为古人山川崇拜、神祇信仰的先发之地。

泰山，是华夏民族的精神图腾之所在，它的神圣在于其凝聚了民族的崇高理想，这些理想包括："会当凌绝顶，一览众山小"，这是勇攀高峰的意志力；"人固有一死，或重于泰山，或轻于鸿毛"，这是君子比德的价值观；"泰山不让土壤，故能成其大"，这是包容万物的博大气象；"人心齐，泰山移"，这是

泰山云海　视觉中国

中国人对共同努力、团结协作品质的形象诠释；"泰山安，则四海皆安"，这是从古至今家国情怀的担当，也是国泰民安的美好寄托；泰山石刻"擎天捧日"，这是巍然屹立的铮铮铁骨；"变所欲为，易于反掌，安于泰山"，这是从容不迫的自信伟力。泰山与黄河的千年互动，孕育出伟大的东方文明，这种互动从山川河岳的祭祀信仰中来，到民众耕读传续的家国担当中去，并且像壮丽的泰山日出一样，"苟日新，日日新，又日新"。

天下第一山

泰山岩石是地球上最古老的岩石之一，据同位素测年法检测，泰山岩石形成于 28 亿年以前的太古代。有如此"高龄"的优质石料，泰山的确堪称自然界的神奇之山，满足了人们对开天辟地的好奇之心，也足以让人们因泰山的沧海桑田之变而产生尊崇与敬畏。

泰山位于平野，由山麓到山顶大概 9 千米，主峰玉皇顶海拔 1532.7 米。孔子曾说"登泰山而小天下"，可见登泰山的意义就在于可以从全局俯视天下、掌控天下，这被认为是儒家思想以天下为己任的体现。举目远眺，西望黄河，"一条黄水似衣带，穿破世间通银河"。汉代《泰山记》云："黄河去泰山二百余里，于祠所瞻黄河如带，若在山趾。"泰山美景集中于此，给人以启迪和无限遐想。

登岱观河，就成了古人触碰平天下梦想的起点。事实上，登上泰山也确实可以远眺黄河，泰山美景"黄河金带"早已天下闻名。泰山是黄河东流入海经过的最后一座山脉，在平坦的华北平原上，泰山更显独特，它似乎作为黄河几千千米征途的最终总结与升华。

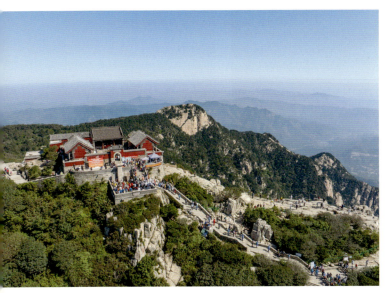
泰山玉皇顶　视觉中国

泰山日出　视觉中国

　　更重要的是，泰山在空间上位于东方。而东方在古代很有讲究。首先，那是太阳升起的方位，是万物孕育之所，有正统、正宗的意思，也因此贵为五方之首。泰山作为五岳中的东岳，自然该居于五岳之首。

　　此外，历朝历代的皇帝都偏爱泰山。自秦以来，登临泰山的帝王大有人在：秦始皇、秦二世、汉武帝、东汉光武帝、东汉章帝、东汉安帝、北魏太武帝、隋文帝、唐高宗、武则天、唐玄宗、宋真宗、清康熙帝、清乾隆帝……他们在泰山上下建庙塑神，刻石题字。如果你也有机会登泰山，那便能看见琳琅满目的摩崖巨作，它们遍布山岩，宛如一部史书。因此，这里有数千年精神文化的渗透渲染和人文景观的烘托，被誉为中华民族精神文化的缩影。

　　众所周知，登山是个体力活儿，那么皇帝们不厌其烦地登临泰山，为的是什么呢？答案是封禅。所谓"封"，指的是在山上筑土为坛祭天。而"禅"是祭地。因此，封禅是天子在泰山祭祀天地的国家行为。汉代《白虎通义·封禅》说："王者易姓而起，必升封泰山何？教告之义也。始受命之时，改制应天，天下太平，功成封禅，以告太平也。所以必于泰山何？万物所交代之处也。"因此，凡所谓"受命于天"的帝王，为答谢天帝"授命"之恩，往往要举行隆重的封禅大典，主要是在泰山举行。而这无疑带有浓浓的政治意味，他们通过封禅泰山，获得政权统治的合法性和文化认同。

　　泰山封禅是如何流行起来的，历史上已难考证，但可以肯定的是，早在秦始皇登基前，就已经有泰山封禅的说法。请看，西汉《史记·封禅书》中，记录着这样一则故事：齐桓公称霸后，想去泰山举行封禅大典，却受到丞相管仲的劝阻。管仲直言，齐桓公离封禅的条件

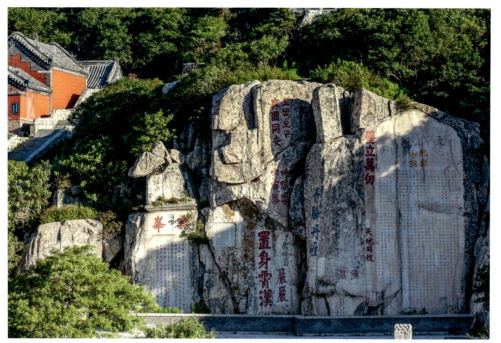

泰山刻石题字　视觉中国　　　　　　　　　　　　　　　　　　　　　　五岳独尊　视觉中国

还差不少，上古时期的炎帝、黄帝、颛顼等人的封禅才是众望所归，天命所授。管仲所言十分有理，要知道，齐桓公不过是实力较强的一方诸侯，人家周天子还在呢，你一个诸侯去泰山封禅，这不是明摆着挑衅周天子吗？齐桓公这才放弃了封禅的想法。

历史上的最后一次封禅活动，是在北宋真宗时期。我们知道，北宋初年，宋与辽国经常发生冲突，宋真宗对这个问题十分头疼，然而当时中原军力孱弱，灭不掉辽国，最后只得转向其他方面来寻求帮助。而封禅之议，自然而然地进入了他的视野。

宋代是泰山文化发展的重要时期。正如《宣和重修泰岳庙碑》中所记："宋受天命，建都于汴，东倚神岳（即泰山），远不十驿。"赵宋与泰山关系十分密切，与前代王朝相比，北宋的都城汴京与泰山距离最近，因此，泰山在赵宋一朝的政治舞台上散发出了别样夺目的光彩。

北宋大中祥符元年（1008年），宋真宗为"镇服四海，夸示外国"，于泰山顶行封礼，二十五日，下山至社首山行禅礼，此次封禅大获成功，据说"帝自东封还，群臣献贺功德，举国若狂"。此后宋真宗对泰山益加崇祀，"诏加号泰山天齐王为仁圣天齐王，修饰庙宇，山四面七里内各禁樵采"，后又晋神号为"天齐仁圣帝"，封东岳夫人为"淑明后"，使泰山神阶达到有史以来最高的一级。

北宋对泰山无以复加的尊祀，标志着泰山作为天下第一山的官方地位正式确立。

传承千年的东岳庙会

东岳庙，也称岱庙，供奉着泰山神东岳大帝等神祇，古代帝王举行封禅大典就以此为主要场所。岱庙的建筑规格仿照了古代帝王宫殿。大门和主体建筑都在南北中轴线上，东西配有殿、庑、廊、亭。南北依次贯通正阳门、配天门、仁安门、天贶殿、后寝宫、厚载门。前后五进院落，主体建筑是天贶殿。东侧辅以炳灵宫、东御座；西侧设有延禧殿、环咏亭（已拆除）。四周城墙高筑，高三丈，长三里。庄严雄伟，俨然是一座帝王宫城。

天贶殿与北京故宫太和殿、曲阜孔庙大成殿并称"中国古代三大宫殿式建筑"。天贶殿面阔九间，重檐庑殿顶，施黄琉璃瓦，这在中国古代是最高等级的建筑样式。整座大殿峻极雄伟，乃至尊之像。天贶殿内供奉着泰山神即东岳大帝的雕塑，其头顶冕冠，身着衮袍，手持青圭玉板，玉板上刻日月、山海，象征着主天地、掌生死的权力。塑像神龛前排列着铜五贡、龙头拐杖等。神龛上方高悬康熙帝题写的"配天坐镇"巨额牌匾。天贶殿东、西、北三面墙壁上绘有巨幅宋代壁画《泰山神启跸回銮图》，描绘了泰山神出巡的隆重场景。

岱庙位于登泰山之路的起始点上，建筑的恢宏雄姿与泰山融为一体，站在厚载门的望岳阁上，可将山川美景尽收眼中，十八盘、南天门等标志性建筑若隐若现，仿佛伫立云端。

随着官方封禅仪式日益隆盛，民间对泰山的崇祀也火速升温。道教认为，东岳大帝主掌凡人生死与赏罚，这些都与百姓日常生活休戚相关，因此信徒众多，并由此发展出传承千年的东岳庙会。

关于东岳庙会的起源，可追溯到唐末五代时期。成书于五代的《野人闲话》中，记录了当时庙会的情况。书中写道，四川灌口白沙有一座太（泰）山府君庙，每逢三月，当地的蜀人就会自发前往设斋，这就是"太（泰）山府君斋祭"。而此时，各州县的医卜之士也群聚于此，形成泰山庙会活动。

由此，我们可以推断，当时的泰山地区或也有类似的东岳庙会活动。北宋时，宋真宗的泰山封禅和对东岳泰山的封王封帝行为，对东岳庙会成为定制起到了关键作用。

当时，泰山神信仰的影响逐步扩大，各地都刮起了兴建东岳庙之风。于是，泰山岱庙地

岱庙天贶殿　视觉中国

位尊隆，成为各地东岳庙的祖庙。与此同时，泰山神的诞辰之日也明确起来，逐渐固定为农历三月二十八日。

泰山神的诞生之日在春季。这与泰山在五岳中的地位，以及阴阳五行观念密切相关。"岁二月，东巡狩，至于岱宗，柴，望秩于山川"，早在上古帝王巡狩的时代，就有春季东巡泰岱的礼制。而在五行观念确定后，泰山在五岳中位居东岳，在五行中属春。因此春季祭祀泰山，早在先秦时期已成惯例。

为什么一定是农历三月二十八日这一天，历代文人各有说法，意见并不统一。红学家周汝昌曾提出，农历三月二十八日是中国春季的结尾，也是一切花木禾谷开始生长的芳春时期，因此这一日最为合适。这既符合传统五行观念，也迎合了民众朝拜参礼的意愿。

此外，农历三月二十八日正是中国二十四节气清明至谷雨间的日子。二十四节气是黄河流域农耕生产经验的精辟总结，俗话说"清明前后，种瓜点豆"。在此时举行庙会，也是应时应景，方便农民祈求一年的耕种能换来丰收。

宋代的东岳庙会是怎样一番情景呢？请看理学家陈淳在《北溪字义》中的描述："世俗鄙俚，以三月二十八日为东岳圣帝生朝，阖郡男女于前期，彻昼夜就通衢礼拜，会于岳庙，谓之朝岳，为父母亡人被罪。及至是日，必献香烛上寿。不特此尔，凡诸庙皆有生朝之礼，当其日，则士夫民俗皆献香烛，殷勤致酒上寿。"

从这段描述可知，宋代东岳庙会那日可谓盛况空前，百姓们集体出动在岳庙"朝岳"，也就是参加庙会，目的是"为父母亡人被罪"，同时也为神灵"献香烛上寿"。

关于泰山庙会最知名的描述，莫过于《水浒传》第七十四回中燕青"东岳庙打擂"。东岳庙打擂，实际上就是相扑比赛，是庙会上的重头戏。宋代"擂台争跤"是群众喜闻乐见的体育项目，泰安东岳庙的打擂活动在当时就十分有名。

燕青为什么要参加打擂呢？书中这样解释道，他自小学了相扑，但从没遇到过对手。眼看三月二十八日就要到了，他打算去庙会摔上一跤。要是输了，哪怕当场被摔死，也不怨谁。若赢了，说起来他是梁山上的人，宋江面上也有光彩。

农历三月二十八日这天，燕青在庙会上一战成名，连远在京城的李师师都知晓燕青有一身的好花绣……

可以说，《水浒传》中关于泰山庙会的文学描述，生动形象地反映了明中期以前泰山庙会的繁盛情景。

从明代中后期开始，东岳庙会开始有了明显变化，这主要体现在两个方面，一是祭祀对象的淡化，二是娱乐交易功能的强化。明太祖朱元璋立国后，宣布废除泰山神历代封号，禁止民间将东岳神作为生死之神加以祭祀。成化、弘治之后，泰山进香，上自朝廷，下至民间，都是奔着碧霞元君而来。这一时期碧霞元君信仰异军突起，东岳大帝的祭祀礼只在国家大典中举行。而"泰山老奶奶"碧霞元君在泰山的影响和势力，开始远超东岳大帝，给碧霞元君添香祝寿，成为泰山东岳庙会的主要内容。与此同时，文化搭台、商贸唱戏的趋势也逐步成形。泰山东岳庙会成为民间普遍的庆祝活动，由此庙会进入了鼎盛时期。通常，会期持续一个多月，主要活动内容有：进香、拜神、祭孔、乐舞娱神、戏曲曲艺、打擂比武、货物交易、坐山轿等。

明末张岱在《岱志》中描述："东岳庙大似鲁灵光殿，棂星门至端礼门，阔数百亩。货郎扇客，错杂其间，交易者多女人稚子。其余空地，斗鸡蹴鞠、走解说书，相扑台四五，戏台四五，数千人如蜂如蚁，各占一方。锣鼓讴唱，相隔甚远，各不相溷也。"由此可见明清之际东岳庙会重商贸娱乐的时代特色。

学者高有鹏在《庙会与中国文化》中指出："以泰山庙会为代表，形成我国广大地区的东岳庙会源，这在我国庙会文化乃至世界庙会文化中都是一个典型。它集中体现了中华民族特有的生命观念、价值观念、道德观念和哲学观念、人生观念，在某种程度上讲，它是中国文化的缩影。"2008年，泰山东岳庙会被列入第二批国家级非物质文化遗产名录，赢得了更加广泛的社会关注。

2023年，泰山东岳庙会于4月29日在泰安市岱庙北广场鸣锣启会，庙会主题是"真情泰山，欢乐庙会"。庙会依然延续了文化体验、竞技游乐、推广经贸三者并行的办会模式，首先登场的是民俗曲艺表演，敲锣打鼓，社火舞狮，进香祈福，庆祝庙会开启，求得风调雨顺，五谷丰登。京剧、变脸等国粹项目将本次庙会推向高潮，让游人深深沉浸在"好客山东欢迎您"的醇厚氛围之中。其次是非遗文化展示，糖画栩栩如生，皮影演技精湛，点茶一气呵成。"翰墨传承，天下泰安——泰山大字楹联书法展"在配天门展出，展览内容为传统经典名联或自撰对联，彰显楹联书法的书、文双美之趣。更有古代流行的投壶等娱乐项目吸引广大游客亲身体验。泰安当地的美食料理小吃也"大显身手"。泰安农产品的金字招牌——

宋代壁画《泰山神启跸回銮图》（局部） FOTOE/视觉中国

岱庙壁画《泰山神启跸回銮图》 视觉中国

《泰山神启跸回銮图》（局部） 视觉中国

泰山东岳庙会　视觉中国

"泰好吃"，汇聚了泰安市域范围内的一批名优特色产品，向市民、游客全面展示，有"泰山茶""泰山板栗""肥城桃"等，不但促进了文化遗产的集中展示与活化利用，而且在深度融入普罗大众的日常生活，丰富市民文化生活的同时，也成功促进了本地与外界的商贸交流，打造出了泰山地区最具活力的民俗文化景观。

"四醮朝山"

五岳皆有本庙，唯独东岳行祠遍天下，山西蒲县的东岳庙便是其中影响较大的一处。这里独有的"四醮朝山"进香仪式也极具特色。2014年，蒲县朝山会入选第四批国家级非物质文化遗产代表性项目名录。

"四醮"，是蒲县当地以东岳大帝信仰为纽带形成的一种民间信仰组织。具体而言，是以蒲县东岳庙为中心划分四方，分别为东、南、西、北四醮，每醮下辖若干村镇。农历三月二十八日这天，四醮会将自己所供奉之神送至东岳庙，进香参拜。蒲县人将此项活动称为"四醮朝山"，仪式体现了祀典神灵与当地民俗的完美结合。至于四醮供奉的镇醮神究竟是何方神圣，说法有三：一说为东岳大帝的四尊分身；一说为南岳、西岳、北岳、中岳四岳大帝；一说是以《封神演义》为蓝本，称各醮神为黄飞虎的四个儿子。

"四醮朝山"源自何时，尚不可考。不过，蒲县东岳庙现存的清代碑记文献中，有关于四醮朝山的资料，如清顺治十四年（1657年）的《建醮朝山》记载："东岳天齐德并乾坤，居群圣之独宗……四方香火倾城云集。兹逢三月二十八，正值圣诞之辰，蒲之南乡轮流醮合……"

由于东岳庙恰好位于蒲县县城的中心地带，于是，四方醮社经过互相协调，形成了从四方朝拜东岳大帝的聚合效应，各醮社在准备朝醮活动的过程中，不知不觉形成了一种"比赛"的氛围。各醮村民都以自己的祭品更好、锣鼓更热烈、送神队伍更出彩为荣。可以说，四醮朝山反映了当地民众东岳信仰的普遍性，也是祭祀秩序自我调节的结果。信仰将四方村民凝聚在一起，而后各方又以"朝山"为目标，演绎出了更为隆重的朝拜活动。

山西临汾蒲县东岳庙外景　视觉中国

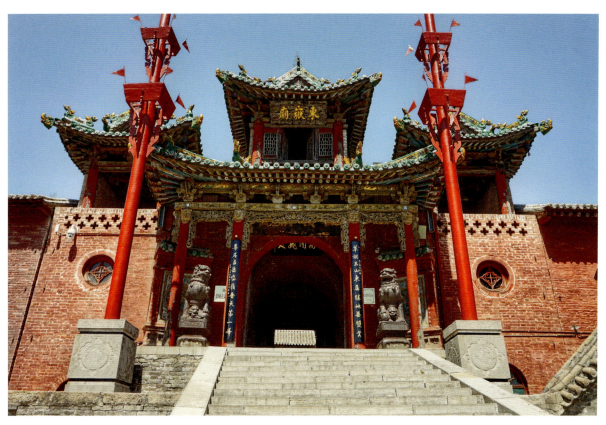

山西临汾蒲县东岳庙山门　视觉中国

山西临汾蒲县东岳庙东岳正殿　视觉中国

北凉壁画《月亮与西王母》（局部） 视觉中国

谜一样的西王母

女神家住"黄河源"

汉武帝元鼎二年（前115年），二次出使西域的张骞回到了大汉都城长安。与之一同而来的，是西域诸国进贡的礼品，还有从于阗国采来的玉石。张骞禀告天子，此番西行，他找到了黄河的源头，就在阗国的玉山上。汉武帝忙命臣子们核查典籍中有关河源的记载，通晓经史的大儒们立即搬出了《禹贡》和《山海经》，翻来覆去地审阅，却只弄得一头雾水。

《禹贡》的记录很简单：大禹治水时，"导河积石，至于龙门"。《山海经·西山经》的记载就详细一些，说积石山"其下有石门，河水冒以西（南）流"。但这并不是黄河源，因为《北山经》里称，敦薨之山有敦薨之水，"西流注于泑泽，出于昆仑之东北隅，实惟河源"。所以，黄河水应从昆仑山来。

《大荒西经》中有一座位于"西海之南，流沙之滨，赤水之后，黑水之前"的昆仑之丘，"戴胜虎齿，有豹尾"的西王母就穴居在附近的炎火之山上。可令人烦恼的是，《西山经》里，西王母的居所又变成了昆仑之丘附近的玉山，她"其状如人，豹尾虎齿而善啸"，是"司天之厉及五残"的神明，人间的灾祸瘟疫、生死刑罚，都在西王母的掌控之下。

遥想当时，大汉朝的博学大儒们因为黄河源究竟在何处的问题，一定争论了很久。最后，还得是有雄才大略的汉武帝大笔一挥、盖章定论：黄河源在阗国，其山多玉石，名曰昆仑。从此以后，中华民族的母亲河——黄河，有了一

汉画像石《穆天子见西王母》拓本　视觉中国

汉画像石《西王母》拓本　视觉中国

个名义上的源头根脉；华夏生民们也找到了一位可以岁岁祭祀的母神——西王母。

国之大事，在祀与戎。大概从人类社会诞生的那一刻起，祭祀就一直伴随着历史文明的进程。尤其是在古代，人们的科学认知水平相对较低，对很多自然现象都无法理解，便求诸天地神灵解答他们内心的迷惘，消解他们的恐惧，并寄托希望。汉武帝在位时，登泰山，祭天地；临东海，祀八神；访遍五岳四渎，重新制定了封禅礼仪。而发现黄河源头、昆仑神山，无疑是朝廷祭祀的首要主题。

在中国神话中，第一位女神当数补天造人的女娲。然而，作为创世之神，女娲的功业似乎只在开天辟地的一瞬间。倒是西王母，因为掌管生死祸福，陪伴着生民们代代繁衍、生息轮回，从而得到了更稳固、更长久的崇拜，成了"中华第一女神"。

当人类意识到死亡是无法逾越的鸿沟后，不死，就成了最奢侈的欲求。《山海经》里就记录着不死树、不死草、不死山，还有"甘木是食"的不死之国与"为人黑色"的不死之民。可对于难逃一死的凡人来说，居住在昆仑之丘附近的，"操不死之药"的巫彭、巫抵、巫阳等十个巫师（没准儿是十个部族），就是值得顶礼膜拜的神。因为西王母掌管着生死，恰好又居住在昆仑山，人们也就理所当然地认为，她也拥有不死之药。

《秦始皇遣使求仙图》　视觉中国

敦煌壁画《张骞出使西域》临摹本　视觉中国

古代帝王寻求不死药的史实有很多，秦始皇和汉武帝绝对是其中的领军人物。但细品史书会发现，这两位君主寻仙问药的方向几乎都是朝东、奔大海。汉武帝的堂叔、淮南王刘安及其门客所著《淮南子》里就有"（后）羿请不死之药于西王母，姮娥窃以奔月"的记载，可见当时已有西王母掌不死药的说法。而汉武帝没有向西求药，恐怕就是因为不知道女神的家究竟在哪里吧？

故此，当张骞为汉武帝找到河源——尽管这并非真正的黄河源头，继而确定了昆仑山所在后，西王母的居所终于从古书深处浮现而出，世人也终于找到了朝拜这位"生不知死，与天相保"的女神的方向。

穆王汉武皆尘土

博望侯张骞探寻河源，找到了昆仑山的伟大功业，被太史公司马迁写入《史记·大宛

敦煌博物馆画像砖　视觉中国

列传》并高度褒扬了一番。可司马迁也不声不响地留下了一句："《山海经》所有怪物，余不敢言之也。"大概，坚信人固有一死的太史公，心底里不大认同西王母是个"豹尾虎齿"的非人类，也不大相信她真的掌管着不死神药，甚至不太赞同汉武帝寻仙问药的举动。

读一读《史记·封禅书》就能感受到，"究天人之际，通古今之变"的司马迁所怀揣的是畏天敬祖的信仰。对于栾大、公孙卿等方士之流借寻仙求药欺骗汉武帝的行为，他是厌恶乃至蔑视的。但司马迁也深知，崇鬼神与重人事无法割裂，上至叱咤风云的君王，下到渴求安稳的百姓，能找一个可以消灾解难、相助长生的神明去寄托希望，未必不是一种现世的幸福。

从史料上看，西王母信仰传播与发展的肇端，正是两汉之际。司马迁要是知道，后人从他的《史记》里挖出了一行字，煞有其事地编写了一段周穆王见西王母的传记，继而又生发了汉武帝与西王母相会的故事，不知是莞尔一笑还是拊膺长叹。

《史记·赵世家》记载，赵氏始祖造父曾侍奉周穆王，为之驾驶"八骏之乘"，西巡"见西王母，乐之忘归"。待到西晋泰康年间，出现了一部据说是从汲县（今河南省卫辉市）战国魏墓中发现的竹书《穆天子传》，里面果真记录了周穆王西征，"至于西王母之邦"的事迹。

周穆王带着白圭、玄璧和锦缎三百匹会见西王母，二人于瑶池上宴饮。西王母为周穆王献歌一曲，问他道："路途遥远，山水间隔，不知你有生之年，能否再来相见（道里悠远，山川间之。将子无死，尚能复来）？"周穆王回答说："等我回到东土，安定了诸邦国，让百姓们安居乐业后，便来与你相会。大约要等三年吧，就可重回此地（予归东土，和治诸夏。万民平均，吾顾见汝。比及三年，将复而野）。"但是，周穆王一去不返。身为天帝之女的西王母，只能守着西方之土，和虎豹相伴、乌鹊与处，在吹笙鼓簧的乐声中，满怀惆怅地遥望。

且不论《穆天子传》到底是先秦时代的珍笈还是汉代以后的伪作，单凭这段忧伤缠绵的故事，足叫人心怀怅然。唐诗人李商隐《瑶池》诗"八骏日行三万里，穆王何事不重来"，就透着浓烈而深切的哀婉。可以长生的女神与凡人天子相恋，却仍被山川相阻，生死相隔，这是多么大的遗憾哪！如果西王母能给周穆王吃点不死之药，他们不就能重逢相守了吗？

可西王母毕竟是神，岂能为男女之情所惑？她的不死药哪能轻易赠人？在后来托名东汉班固所作，实则是魏晋年间编成的《汉武帝内传》里，西王母曾带领群仙，驾着龙虎、乘着狮子，骑着白鹤、天马，于七月七日降临汉家宫苑。她带来了种种人间所没有的精馔，还有七枚"大如鸭子，形圆色青"的仙桃。宴饮歌舞后，汉武帝十分乖巧地"下地叩头"，恳求西王母赐予长生之法。西王母却用戒淫逸杀戮之类的话教导了汉武帝一番，最后传给他的只有道教符箓、经书，命他潜心修道以得取正果。

可惜的是，吃了仙果、得了天书的汉武帝自以为能长命百岁，竟忘了西王母的教导，仍旧"兴起台馆，劳弊百姓，坑杀降卒，远征夷狄"，终究失道，未能对抗天年，七十而崩。《汉武帝内传》实则是道家借西王母教化世人的劝善文。

汉武帝时，司马相如讽谏其喜好仙道所作的《大人赋》里，世人想象的西王母还是一位"曤然白首"的老奶奶。可到了《汉武帝内传》时，西王母则成了看上去只有三十多岁，"修短得中，天姿掩蔼"，拥有绝世容颜的佳人。这是人们渴望长生不老的心理映射，也是两汉以降，民间西王母信仰盛行的重要原因。

当时的人们，即便是死后也要把这份希冀带入坟茔。现今出土的汉代墓葬画像石上，就有大量的西王母形象。无论是造型繁复还是线条简单，西王母的形象基本上都是雍容端庄的贵妇，身边陪伴她的，或是昆仑山上的虎豹、三青鸟，或是捣药的玉兔和蟾蜍。

但是，死亡不可超越，世人终将作土。如果只把西王母当作长生不老的精神寄托，人们的希望可就太容易幻灭了。西王母信仰能够传承不绝，其意义实则还在长生不老之外。

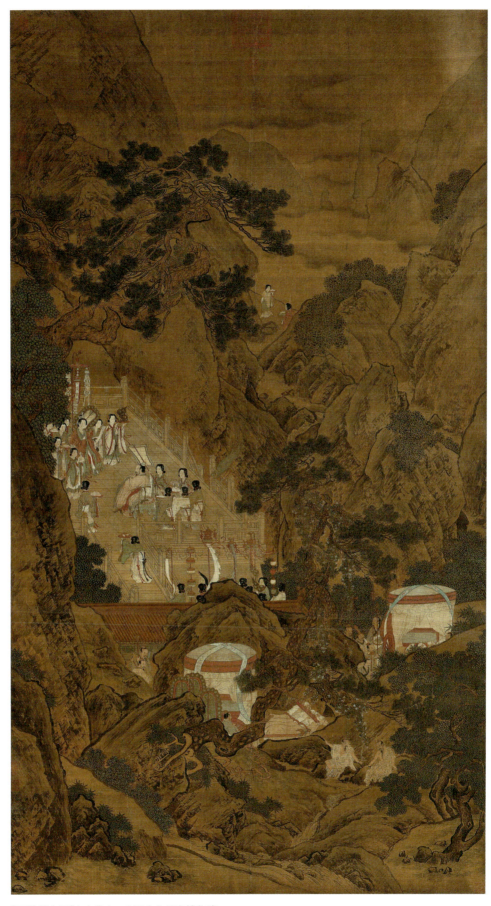

《瑶池献寿图》（宋代） 中国台北故宫博物院

王母，也是祖母

宋太祖开宝元年（968年），奉命镇守泾州（今甘肃省平凉市泾川县）的大将张铎在当地回山上重修起一座王母宫。庭院里杂乱无章的蔓草被拔除，种上了阴阴嘉树；颓坏的梁柱被换去，重现彩绘丹青，高悬起羽帐。云生画栋的景象仿佛西方圣境，这才称得上是祭祀西王母的殿堂。为此，翰林学士陶谷撰写了《重修回山王母宫颂》，勒石以记。

陶谷的颂文，开篇即追溯西王母的历史，写她与周穆王瑶池相会，写她下降汉武帝甘泉宫；写周穆王从瑶池归来后，曾登弇山题写"西王母之山"的石碑；写汉武帝西行祭祀，过回中道后作《回之上》曲。尽管泾川县的回山既不是周穆王登过的弇山，也不是汉武帝走过的回中道，但人们都坚信，这两处与西王母密切相关的地方，就在泾川。

这并非当地百姓一厢情愿的攀附。至少在唐懿宗年间，文人胡曾就写下咏史诗《回中》，感慨汉武帝无法亲自去到昆仑山，为了祭祀西王母，只得"几烦龙驾到泾州"。泾川王母宫的历史，可以上溯至西汉初年。而查阅古代地方志书，常见"王母宫""王母祠"字样，其分布遍及甘陕晋冀鲁豫，乃至川滇地区。这与两汉时期朝廷对西王母祭祀的推崇，敕令修建相关庙宇不无关系。

东汉荀悦所著《汉纪》，曾详细记载了西汉哀帝建平四年（前3年）春天里的一场骚乱。因大旱而无以为生的关东百姓们，聚众数千人，披发赤足，一路上斩斫门关，翻墙入屋，"行经历郡三十六所"，直至皇城长安。但这群"反贼"呼喊的口号却是：传行西王母筹——他们不是叛乱造反，只是遵从西王母的教诲，寻一条生路。

这些人汇聚在皇城中的王母祠里，博弈歌舞，举行各种祭祀，还告诉人们，只要佩戴西王母的符箓，就可以不死。不过，他们此时渴望的不死，并非长生不死，而是寄希望于西王母消灾除厄、救苦救难的神力，好在这朝廷颓丧、民不聊生的年代，安安稳稳地活下去。

骚乱发生后没多久，二十四岁的汉哀帝驾崩了。权臣王莽拥立九岁的汉平帝刘衍继位，他手中最重要的王牌，就是当今太皇太后、王莽的亲姑母王政君。当王莽决意篡汉自立时，为了营造声势，便命人仿《尚书·大诰》，写成一篇安抚人心的文章："太皇太后肇有元城沙鹿之右，阴精女主圣明之祥……遂获西王母之应，神灵之征，以祐我帝室，以安我大宗，以

甘肃平凉雨后的王母宫山　视觉中国

甘肃平凉王母宫　李亚龙/中新社-视觉中国

绍我后嗣，以继我汉功。"

王莽用西王母的"神灵之征"，将王政君奉为得天命的女主，从而为自己篡位制造了所谓的合理性。但也正是因此，高高在上的西王母被"拉"下神坛，和凡间真实的皇后画上了等号。西王母信仰在东汉年间蔚然成风，可谓盛极。西王母的神性里，也增添了一份更具亲和力的人间母爱。

实际上，早在西汉初年，世人就已经开始为西王母增添凡人的特质了。大名鼎鼎的海昏侯刘贺墓中出土的"孔子衣镜"上，描绘着身着白衣、白虎在侧的西王母形象，与之相对的，则是穿着青衣、青龙为辅的一位男性神灵——东王公。

无论是文献记载，还是出土文物，东王公的出现最远只能追溯至汉朝。显而易见，这位神明不是自古有之，他应该是百姓们为西王母创造的配偶神。热爱并享受着夫妇团圆、子孙和美之现世生活的凡人们，实在不忍心看一直护佑自己的女神孤孤单单、青灯自守。他们希望西王母和人间女性一样，和所有母亲一样，拥有更多的情感。这些情感的寄托，也扩大了西王母信仰的神力。她不仅仅是掌管生死祸福的神，也担负起婚姻嫁娶、子嗣繁衍的信仰。在一定程度上，西王母取代了女娲创世造人的神格，成为影响力更加广泛的天下之母。

黄河源头的青藏地区，在少数民族的神话中，也有许多与西王母极为相似的女神。如《格萨尔王》中的天母贡曼嘉姆，就被视作西王母的原始形象。因为西王母又称西嫫、金母，恰是藏语中"祖母"的意思。这位从昆仑之丘上走来的神秘女神，可能从一开始就是一位始祖母。

西安碑林博物馆西王母东王公石刻　视觉中国

东王公画像石拓片　视觉中国

东王公画像砖　视觉中国

开蟠桃大会的王母娘娘

从遥遥西方的昆仑山脉到滚滚东流的黄河水岸，华夏子民对西王母的信仰历经了多次演变。如今，她最为世人所熟悉的名字是，王母娘娘。

小说《西游记》里，齐天大圣孙悟空因为偷吃了王母娘娘的蟠桃、大闹天宫，最终被压在五行山下。而天宫蟠桃的雏形，恰源自魏晋道人所撰写的《汉武帝内传》。西王母接见汉武帝时，带来了七枚仙桃。汉武帝吃了四枚，想把桃核留下自种。西王母却笑道："这桃子三千年一熟，人间土地太薄，种不出来的。"这一设定经过后人不断改编，才有了"西游宇宙"中等级分明的蟠桃仙果：三千年一熟的，人吃了成仙得道；六千年一熟的，人吃了长生不老；九千年一熟的，人吃了与天地齐寿。

至于西王母向王母娘娘的转变，也大约起自魏晋时代。西晋葛洪在《枕中书》里将西王母确立为道教神仙，说其是元始天王和太元圣母通气结精所孕育的九光玄女，号曰太真西王母，负责生育万物、调和阴阳。于是，最初因始祖崇拜而诞生的西王母，正式踏上了入主天宫、成王母娘娘的旅程。唐末杜光庭编纂的《墉城集仙录》记录了古代女子得道成仙之事，西王母则是这些女仙的最高统领者，"天上天下，三界十方，女子之登仙得道者，咸所隶焉"。

初时，道教神仙里与西王母匹配的，还是东华至真之气化成的木公，也就是主阳和之气、理于东方的东王公。但随着道教神仙系统的不断完善，玉皇大帝的地位不断提升，最终

《蟠桃仙会图》（明代）　中国台北故宫博物院

成为天界最高主宰，西王母便也在人间信仰的设定下，撇了东王公，成为玉皇大帝的妻子王母娘娘。

有关学者在甘肃泾川进行西王母信仰田野调查时，发现民国时刊印的《陇右金石录》里收有一篇《元重修王母宫碑》拓本，正文阴刻着"三月十七日王母宫蟠桃大会之年修"字样。说明元代时当地的王母祭祀已经出现了蟠桃大会的元素，昆仑山的西王母大概率已经演变成了天庭里的王母娘娘。她和玉皇大帝犹如人间的皇帝、皇后，上掌三十六天，下握七十二地，统领一切神佛仙圣、人间地府之事，维护着天界的秩序，甚至还养育了儿女。

明清以降，王母娘娘的形象日益丰满。在道教经文、说唱宝卷里，她是慈悲仁爱的至高女神；在民间传说、小说传奇里，她又有着王者的冷酷无情。流传深远的民间故事《天仙配》中，七仙女就是王母娘娘和玉皇大帝的女儿。而《牛郎织女》里的织女，有说是他们的女儿，也有说是他们的外孙女，但不管怎么说都是王母娘娘的血脉。这两则仙凡相配的爱情故事里，王母娘娘都充当着拆散姻缘的反派角色，但也恰恰证明，她的形象一直在被改造，变成世人所需要的模样。

大约编纂于明朝晚期的西大乘教《护国威灵西王母宝卷》里，西王母被塑造成一位集创世与救世于一体的至圣女神，是具有至高无上权威的万民之母，甚至凌驾于诸神之上，享有民众的最高崇拜。

时至今日，甘肃泾川的王母宫虽几经战火摧毁，但终究被后人重建而起。源自北宋开宝年间的王母宫祭祀仪典仍在举行，凭借一千年的历史传承2008年入选了第二批国家级非物质

青海西宁扎麻隆凤凰山西王母圣像　视觉中国

文化遗产名录。每年的三月二十日是泾川人口中的"好日子"，许多百姓凌晨时分就会赶往王母宫抢烧头香。更有陕西、宁夏、河南一带的信众们，携着供品千里迢迢地赶来参祭。人们会举行请水、奠酒的仪式，在祠庙前搭起戏台，演绎《瑶池会》《麻姑献寿》的大戏，于欢乐祥和的盛典中祈求王母娘娘的护佑。

海峡对岸宝岛台湾的信众们也因本土"母娘信仰""瑶池金母信仰"的盛行而来泾川朝圣寻根。太史公司马迁曾说："人穷则反本，故劳苦倦极，未尝不呼天也；疾痛惨怛，未尝不呼父母也。"（《史记·屈原列传》）民间的西王母信仰，实则是人们心灵的"返本"，人们渴望在天神般的始祖母的庇护下，拥有平安顺遂、幸福美满的一生。

台湾花莲吉安乡胜安宫　IC photo

青海湖草地上的彩色经幡和多云的天空　视觉中国

青海湖畔，神秘古老的祭海仪式

　　青海湖是中国最大的内陆湖泊。在古代，它被看作天下的"四海"之一，称"西海"。中国有个老传统，祭岳镇海渎，从秦汉到明清，历朝历代都祭。公元751年，唐玄宗加封四海五岳，封西海之神为"广润公"。历代君王加封、祭祀青海湖的制度由此而发轫。后来，北宋仁宗加封西海之神为"通圣广润公"，宋沿唐制，元袭宋制，均为四海之神加封各种头衔的王号。洪武三年（1370年），明太祖朱元璋以复古为名，去前代封号，将四海简单称为——东海之神、南海之神、西海之神和北海之神。

　　只不过，在清代之前，君主对西海均遥拜祭祀，即设祭坛望而祭之，行四望或三望礼。比如唐代时，在立秋日于京城长安西郊遥祭西海，有时还会派官员到同州府（今陕西省大荔县）的河神庙先祭黄河神，后祭西海神。所谓"望祭"，即面向该神的方位行礼致祭。可为什么是"遥祭"呢？这与历史上中原王朝不能稳固地控制青海湖有关。

　　青海湖以东不远处，是"河湟"地区，也就是由龙羊峡以下的黄河谷地和湟水谷地共同构成的河谷地貌。中华民族的母亲河黄河自发源地蜿蜒东流，绕过积石山后屈曲西北流，在今青海省兴海县境内逐渐弯向东流。而"湟水"又称西宁河，是黄河上游最大的一条支流，发源于青海省祁连山系大坂山南麓，自西向东流经巴燕峡、湟源峡，穿过西宁盆地、民和盆地，与大通河汇合后流入甘肃省，至八盘峡附近汇入黄河干流。河湟地区地势较低，受东部季风的影响，气候较为温暖湿润，宜农宜牧，是青海省自然条件最为优越的地区。东汉初年的名将马援就曾评价河湟一带"其田土肥壤，灌溉流通"。

优越的地理条件使河湟地区成为黄河流域最早有人类活动的地带之一。早在新石器时代，河湟地区就出现了马家窑、齐家、辛店、卡约等较为发达的文化类型。后来，这里又成为多民族文化交融之地。先秦时期，河湟地区是羌族聚居地。元鼎六年（前111年），汉武帝西逐诸羌，大部分先零羌人被迫离开湟水流域，远去西海、盐池游牧。吐谷浑政权则在此地立国三个多世纪，先后以柴达木盆地中的白兰以及青海湖畔的伏俟城为统治中心。元嘉十四年（437年），北魏遣使封吐谷浑王慕利延为镇西大将军，仪同三司，改封西平王。这一封号来自魏晋在河湟所设"西平郡"。从封号来看，此时吐谷浑已尽有河湟之地了。再往后，吐蕃于青藏高原兴起。《新唐书·吐蕃传》说："吐蕃本西羌属，盖百有五十种，散处河、湟、江、岷间。"到了十世纪，吐蕃瓦解后形成的唃厮啰政权的统治中心，也设在河湟地区，在青唐城（今青海西宁）。北宋人李远到过青唐城，还写过一本《青唐录》，记载了这座城池"城枕湟水之南，广二十里；旁开八门，中有隔城"的格局。

历史上，这些盘踞河湟的边疆民族与中原王朝或战或和，一定程度上阻断了中原势力向"西海"扩张的步伐。不过，祭祀传统却不曾因此中断。最早居住在青海湖地区的羌人，以游牧为生，信仰原始宗教，形成了祭天地日月、山川湖泊的风俗，也就有了祭祀青海湖的习俗。后来吐谷浑与吐蕃相继进入青海湖地区，自然也少不了对青海湖的祭祀。

公元十三世纪，蒙古铁骑南下。当时信仰萨满教的蒙古族人相信万物有灵，认为"长生天"是至高无上的神。因此，元代生活在青海湖地区的蒙古族，也形成了祭天、祭山、祭海之风俗。蒙古王公在日月山举行"祭天"仪式，在青海湖祭祀"海神"，这种祭祀活动相沿成习。到了清代，青海湖终于被纳入中原王朝的版图。雍正初年，平定罗卜藏丹津叛乱后，抚远大将军年羹尧向雍正皇帝提出了"青海善后事宜十三条"及"禁约青海十二事"。在这些强化中央集权的行政举措实施后，青海湖一带便被清王朝牢牢纳入统治了。

雍正三年（1725年），清廷正式诏封青海湖，尊称为"青海灵显大渎之尊神"。同年，雍正皇帝亲自撰写"御制平定青海告成太学碑"，文中称："师以顺动，神明所福，旬日凯归，不疾而速"；"天讨既伸，群酋剔息"。这里的"神明所福""天讨既伸"等语，自然指的是"青海神显灵"的事。第二年三月，清廷诏封青海"水神"为"灵显宣威青海神"，同年九月，在湖滨竖立以满、蒙古、汉文书写的"灵显青海之神"的石碑一块，并筑碑亭一座，

青海湖祭海台风光　视觉中国

同时派官员到湖滨致祭青海神。

雍正所立石碑的残体现存青海湖东种羊场，正面勒刻着"灵显青海之神"的汉文及满、蒙古文。换言之，当时的清廷改变了遥祭青海湖的一贯做法，取而代之的是派遣朝廷大员亲赴青海湖畔致祭。显然，这是一种加强中央政府权威的做法。乾隆三十八年（1773年），礼部奉敕按照名山大川例，规定每年秋季致祭青海。此后相沿成习，每年农历七月十五日，清廷遣钦差大臣召集青海蒙古各王、公、札萨克等于海滨致祭，同时举行会盟。之所以选定这一时间，是因为在人们的传统观念中，东南西北四方位分别对应着春夏秋冬四个季节，加上青海湖称"西海"，论方位属西面，故而将祭祀时间定在秋季。祭海时，循例由钦差大臣主祭，各蒙旗王、公、札萨克等陪祭。仪式以五牲、香烛、帛为供，上读祭文，行三献礼。祭毕，参加游礼的各王、公、札萨克争先抢割祭献的牛羊，俗谓之"抢宴"。

实际上，祭海仪式及宴会本身并不重要，接下来的会盟才是重点。宴会完毕后，由钦差大臣主持举行会盟，召集蒙藏王公、千百户及当地军政要员一同参加。蒙古王公由盟长领

青海湖古老的祭海活动　IC photo

青海湖祭海仪式　IC photo　　　　　　　　　　　　青海湖祭海台　视觉中国

导，谒见钦差大臣，赠送哈达、马匹、氆氇等物，然后报告一年来各族内发生的纠纷事件、王公病故（出缺）情况，并呈请袭职等一切要案。钦差大臣一方面宣读中央政令、宣扬恩威，一方面也了解一年来青海各盟、旗、千百户辖区的地方情况，调解处理草原纠纷；并根据管理好坏，给以奖励或惩治，以起到维护中央权威、安定人心的作用。

近祭礼仪，一直延续到1949年的最后一次祭海会盟。在祭青海湖的前几日，各王公、千百户和百姓早已安扎好自己的大帐篷，插上各色彩旗，衬托出喜庆气氛。祭海前一晚，民众还会举行各种歌舞活动，所谓"是夜适值农历七月十五日，朗月皎洁，海天一色，就在幕前演出月夜歌舞""远近佳客，济济兮一堂"……

中华人民共和国成立后，官方祭海仪式逐渐退出历史舞台。自20世纪80年代以来，居住在青海湖周围的农牧民群众逐渐恢复了过去祭祀青海湖海神的活动。每逢农历三月三西王母的蟠桃会和七月十五西王母诞辰，环湖地区的各族人民纷纷来到海滨，诵经拜佛、点燃松蓬、鸣放鞭炮、悬挂经幡，围着海神庙祈祷太平，最后向海中投入钱币、祀品，三拜九叩后而还。有的还在海上放生，向周边蒙藏牧民布施；有的乘船到海心山，顶礼膜拜，寻根问祖。

譬如，2000年8月14日即农历七月十五日时，青海湖边的江西沟乡元者村就举行了隆重的祭海仪式。这天上午10点30分左右，村民们穿着节日盛装，手捧哈达，端着青稞炒面、酥油等祭品，前来参祭。11时许，煨桑台左前方帐篷中传出喇嘛高声诵念经文、真言的诵唱声，而后一位长者登上煨桑台点燃松柏枝。祭者沿顺时针方向绕行于煨桑台，口中念诵经文、佛号，同时向桑台投献哈达、五谷包（五色粮食：青稞、小麦、豌豆、玉米、蚕豆）、

青海湖附近的牦牛　视觉中国

青海湖风景　视觉中国

青海湖祭海大典　蒋坚/IC photo

青海湖祭海大典　蒋坚/IC photo

白酒、糖果等祭物，一边抛撒风马。据当地的藏族群众解释，若风马随着烈焰腾空而起，则表明神祇会保佑人畜两旺、五谷丰登。投献完毕，由法师手捧五色丝线的"五谷包"导引一队仪仗，队员各持法杖、香炉、净水瓶、宝伞、幢幡等器具，吹奏着藏唢呐、法号向湖岸进祭；头戴鹿首、牛首面具的鹿神、牛神以及地方神紧跟其后；人们随着仪仗队拥向湖岸，由法师边念咒语边向湖神献祭，将祭仪礼包用力投向湖中，并祈求海神保佑人畜、地方吉祥平安。人们相信，祭品投得越远、下沉得越快，越能得到海神的庇佑。至此，隆重的祭海仪式正式结束。之后，人们还会在湖边举行赛马、赛牛、射箭等体育活动和跳神、佐斗候、桑德舞、吉祥鹿舞等表演。

如今，环湖各族人民逐渐加入青海湖祭祀活动，并将其固定为民族节日，使之成为环湖地区各民族文化中不可或缺的部分。2008年6月，青海省海北藏族自治州的青海湖祭海仪式被批准列入第二批国家非物质文化遗产名录，延续千年的古老民间信仰，已成为探察中国古老民族发展演变历史的宝贵资料。

洛阳关林　视觉中国

关羽为什么是永远的神？

封神之路

　　黄河，是中华民族的母亲河。历史上，黄河水哺育了无数炎黄子孙，也孕育出两位备受尊崇的"圣人"，他们被后人尊称为"文圣"与"武圣"，其中"武圣"就是关公。

　　关公的真名是关羽，他出生于河东解良（今山西运城），河东即黄河之东。关羽早期跟随刘备辗转各地，曾被曹操生擒，但后仍归刘备。建安十九年（214年），关羽镇守荆州，成为刘备集团中独当一面的统帅。二十四年（219年），关羽起兵北上围樊城，大破曹操派来的于禁所领七军，一时威震华夏，但终因后备空虚，被江东孙权派吕蒙白衣渡江袭取荆州。关羽兵败被俘，不屈被杀。纵观关公的一生，忠义勇烈，英雄盖世，最终却落了个身首异处的悲剧结局。可以说，对于关羽，人们既敬慕他的义勇刚烈，又同情他的不幸遭遇。

　　在古代，不少大人物死后会被当地百姓奉为神灵，甚至成为地方保护神，受到累世尊崇。正因如此，关公信仰最初是在其死难地荆州出现的。

　　到了唐代，开始有武庙之制，并将关羽列入武庙。不过，与我们今天一提起武庙就想到关羽不同，最初的武庙主神不是关羽，而是武成王姜尚（即姜子牙），关羽不过是从祀的众多武将之一。与关羽一同配享武庙的六十四位历代名将中，单单是三国时期的人物，就还有张辽、周瑜、陆逊、张飞等十人，关羽在其中并不占据特殊地位。

那么，兵败身死的关公是如何逆袭，并一步一步走向神坛最高处的呢？

宋代开始，情况发生了转变。宋太祖开国，迎来了重文轻武的思想风潮，重塑儒家正统地位成为时代需要。关公身上最重要的特质，无非是"信义为本、忠诚为贵"，而这恰与儒家所提倡的伦理纲常相符，于是，关公在民间信仰中的级别越来越高。北宋崇宁元年（1102年），宋徽宗正式封关公为"忠惠公"，开启了帝王为关公封爵的先河。到了北宋末年，笃信道教的宋徽宗以"道君皇帝"的身份，在道教体系内封关公为"崇宁真君"。随后，又有两次加封，使关公由"公"晋升为"王"，而这也是中国现存关庙中较早的武安王庙的来历。

不仅如此，生活于北宋时期的道教徒们，为了提高道教护法在朝廷中的地位，硬生生编造出解州盐池遭灾减产是蚩尤作怪，张天师请关公斩蚩尤，保地方平安的神话故事。同一时期，民间艺术对关羽的生平故事也开始"添油加醋"。众所周知，宋元时期市井流行说唱艺术，其中三国题材的故事最为盛行。关羽生前事迹，陈寿在《三国志》里只有寥寥九百余字的描写。可是到了《三国志平话》中，关公一跃成为名副其实的主要角色，可见其受欢迎的程度。在现存的元杂剧中，关公戏至少有十余种。

到了明清时期，人们对关羽的尊崇进一步升级。从明洪武二十七年（1394年）开始，关庙进入官方庙宇的行列，正式享受国家祭祀。万历皇帝加封关羽为"三界伏魔大帝神威远震天尊关圣帝君"。差不多同时，《三国演义》问世，这既是中国民俗文学史上的重要里程碑，也完成了关公这一历史人物的文学定型。在《三国演义》中，直接描写关公的篇章有数十回，约十万字。书中的关羽文武双全，有勇有志，忠肝义胆。可以说，《三国演义》是历史上最具影响力的传播关公美名的文学作品，得益于《三国演义》的广泛传播，关公最终成为家喻户晓的人物，威望也日益攀升。

清王朝建立后，人们对关公的尊崇越发盛行起来。顺治九年（1652年），官方敕封关羽为忠义神武关圣大帝。其后康熙、雍正、乾隆、嘉庆、道光、咸丰、同治、光绪一个个清帝竞相褒封关羽，或御书题匾，或直接加封。雍正皇帝甚至将关羽的曾祖父、祖父、父亲皆封为公，咸丰皇帝则进一步将关羽祖辈三代皆封为王。关羽本身的封号也不断增加，由"忠义神武灵佑仁勇威显关圣大帝"，到再加上"护国保民精诚绥靖翊赞宣德"的头衔，整个封号长达26字，但凡是褒奖溢美之词，几乎都给关羽用上了。在中国神坛，关帝爷可谓独领风

山西运城解州关帝庙内戏曲人物关公耍大刀形象　视觉中国

骚，其他所有神灵都比之不及。明代文学家徐渭曾说："关侯之神，与吾孔子之道，并行于天下。然孔子者止郡县而已，而侯则居九州之广，上自都城，下至墟落……以比事孔子者，殆若过之。"再看看民间的情况，清代关庙遍及城乡，已经到了"庙貌遍于天下、祀典重于春秋"的地步了。

关公故里拜关公

在关公故里山西省运城市，有号称"武庙之冠"的解州关帝庙。解州关帝庙规模宏大，面积达22万平方米。明代内阁首辅张四维曾感叹："（关公）庙祀遍天下，而唯解之崇宁庙者，规制尤伟，灵应均之，盖其所生地然也。"

解州关帝庙自宋代始创，后世不断重修扩建，到明清时臻于极盛。康熙四十一年（1702年）四月，关帝庙毁于一场大火。次年，康熙帝特意下旨拨款重建，这才有了今天所见的建筑基础。

山西运城关帝庙　视觉中国

山西运城关公故里文化旅游景区　视觉中国

走进关帝庙，但见其中宫殿牌坊，雕梁画栋；庭院天井，古柏参天。整座庙宇按前殿后寝格局营建，分结义园和主庙。

关帝庙最南端为结义园，主庙在中轴线依次排列端门、雉门、午门、御书楼、崇宁殿、春秋楼，两侧配石牌坊、木牌坊等建筑。其中的崇宁殿，为纪念宋徽宗敕封关羽崇宁真君而建，重檐歇山顶，殿周围矗立26根蟠龙石柱。而春秋楼则是国内现存唯一的悬梁吊柱建筑，双层三檐，一层奉关圣帝君神像，二层奉祀关帝夜读《春秋》的塑像。

在古代，官方祭祀关公的日子是农历五月十三和春秋二祭，但在关公故里，情况却有所不同。地方相传，四月初八为关公受封之日，六月二十四为生辰，九月十三为忌辰，虽说三日均无明确历史记载作为依据，但民间却相沿成习。这三日中，以四月初八最受重视。因此，围绕着四月初八的关帝祭祀活动，形成了历史悠久的关帝庙庙会。

据史书记载，过去的庙会每年两次，时间分别为农历四月初八和九月初九，会期各一个月。每逢会期，商贾云集，人物荟萃。经商的、卖艺的、凑热闹的，可谓七十二行各显神通。蒙古的皮货、马匹，四川的药材，湖北的竹木器具，浙江的丝绣绸缎，景德镇的瓷器等，四方货物云集一市。进出马帮络绎不绝，叫卖声此起彼伏，市场上人声鼎沸，月余不衰。农历四月临近麦收季节，人们祈祷关帝能赐予好的收成，并在庙会上购置农具和其他物品，为开镰收割做好准备。民间传说，关羽的妻子关夫人擅长医术，因此赶庙会的药材商汇集解州，进行交易之前，必须先到关帝庙祭拜关帝，再拜关夫人，意为向关夫人讨教。

山西运城举办关公诞辰1856周年民间祭拜活动　视觉中国

山西运城举办关公诞辰 1860 周年纪念活动　视觉中国

在四月初八这一天，解州当地还会举办"关帝巡城"活动。相传，关帝巡城始于五代时期的后汉乾祐元年（948年），最初人们希望以关帝神力来驱除鬼祟。也有人认为，因四月初八为佛教始祖释迦牟尼的生日，关公为佛教护法，故在此日举行关帝巡城。

2006年，解州关帝庙文物保管所恢复了中断八十多年的"关帝巡城"仪式。关于这项仪式的资料，没有历史记载，但是在关帝祖庙中却有一项明代的轿子，由此有专家推断，可能从明代起就有"关帝巡城"活动了。巡城活动开始的前一天，关帝祖庙就被信众们装饰一新，早上7点多庙里已经有信徒烧香祭拜。崇宁殿前的供桌上，整齐地摆放着各式供品，有各样水果五盘，玉米、小麦、糜子、豆荚、高粱五盘，供桌前的小桌上则摆放着檀香炉，里面的檀香散发出幽幽香气。

上午9点，巡城活动正式开始。主祭人、陪祭人，以及来自各个团体的代表组成千余人的祭祀队伍，他们从关帝祖庙大门进入，在崇宁殿前举行祭祀仪式。关帝像被安置在一顶巨大轿辇内，祭祀结束后，抬轿人员将关帝像连同轿子一起从崇宁殿"请"出来，开始了巡城活动。

巡城队伍由4辆跑车引领开道，紧接着依次是锣鼓队、仪仗队、花鼓队、武术护驾队、龙凤扇、标旗、青龙偃月刀陪驾，香炉、汉寿亭侯印随驾，关帝轿辇，祭祀人员。巡城队伍浩浩荡荡，绵延数里，所到之处，道路两旁挤满了围观的群众。有的信众还自发在路边把自家中供奉的关帝像摆出来，放上供品，燃放鞭炮。这种做法据说可以让自家的"关老爷"沾

山西运城举办"关帝巡城"大型民俗活动　视觉中国

点灵气。巡城活动通常会持续两个半小时之久，在将关帝神像请回安放到崇宁殿后，活动才告结束。

遍地开花的关帝信仰

当然，关公祭祀活动并不限于他的故乡山西。历史上，关公崇拜盛行的范围逐渐扩大，如今，许多海外华人也对关帝信仰推崇备至。单就黄河流域而言，从中上游的山西，到中游的河南，再到下游的山东，都存在着尊崇关公的传统习俗。

传统相声剧目有一出《关公战秦琼》，侯宝林先生曾在段子里讽刺民国时期的山东军阀韩复榘不学无术，得知关羽家乡在山西后，对山西人"到我们山东来打仗"极为不满，于是一拍脑袋，下令戏班现编一出隋唐时期山东大将秦琼和关公比试较量的戏码。其实，山东百姓何尝有这样的门户之见呢。

在山东济南，五月十三祭天习俗历史悠久。每年的农历五月十三日，在济南柳埠镇一带，人们在祭拜关公的同时还会前往当地的天齐庙，举办隆重的祈雨仪式。根据当地老人描述，五月十三是关老爷的生日，也有的说五月十三是关公"磨刀日"。相传，古时候龙王祸害百姓，大地一片干旱，庄稼颗粒无收，没饭吃的百姓集体跑去关公庙祈祷求雨。关公听了百姓的遭遇后二话不说，在五月十三这一天磨刀讨伐龙王，逼令龙王为百姓降雨。后来，当地人便笃信，每年的农历五月十三关公就会磨刀，随之天降甘霖，而下雨则意味着吉祥，也说明往后的日子都会风调雨顺。

在遍布全国的关帝庙中，河南洛阳的关林庙殊胜。据《三国志》记载，"洛城南十五里许，有汉寿亭侯之元冢"，后"风雨蔽坏，庙宇罔存"。明万历二十年（1592年），由洛阳福王奏请，掀起了一场大规模修建关林的活动，人们在汉代关庙原址基础上，对关林庙进行了扩建、修缮，使其变成了四进院落，殿宇廊庑共计150多间，主要由仪门、拜殿、大殿、钟鼓楼等组成。清康熙五年（1666年），关林庙被敕封为"忠义神武关圣大帝林"，始称"关林"，从而与山东曲阜的"孔林"齐名。

据史书记载，孙权杀关羽后，派人到洛阳，将关羽的首级送给曹操，企图嫁祸于曹，后被识破。曹操以帝王之礼，厚葬关羽首级于关林。于是，民间便有了关羽"头枕洛阳，

山东济南关帝庙　视觉中国

身卧当阳，魂归故乡"的说法。众所周知，头部是身体中最尊贵重要的部位，而洛阳关林作为埋葬关羽首级的地方，自然地位突出，而关林庙也因此被誉为海内外三大关帝庙之首。此外，关林也是全球唯一"林""庙"合祀关公的经典建筑遗存，是海内外华人的朝圣之地。

传统上，每年的农历正月十三、四月初八和五月十三日，在关林庙会举办三次大规模的庙会。平时每月初三、十三、二十三日有小会。其中，以正月最为隆重，从农历正月初一持续到正月十五。最热闹的当数正月十三的春祭。这一天，四里八乡的信徒、游人、小贩、杂耍艺人等齐聚关林庙及关林广场，邻近村落的社火表演团体也会有击鼓、扭秧歌、舞狮子、踩高跷、上板凳等表演活动。

至于关公的信众们，也遵循着一系列祭祀步骤。在进入关林庙之后，首先在拜殿前进行献祭。拜殿是关林庙的主殿，内中关羽塑像头戴冕冠，身穿龙袍。信众拿出事先预备好的香柱，通常为三根，代表天、地、人，点燃后朝东西南北四个方向各拜三拜。之后进入拜殿，在关羽像前献供、祭拜。随后，信众穿过拜殿的后门，先后经过财神殿与春秋殿，到达"关冢"，由于此地为关羽埋首之处，所以香火极为旺盛，有信徒甚至会以三跪九叩的大礼来祭祀关羽。最后一个祭祀步骤，是在烧完香后，双手合十围绕关冢走一圈或三圈，也有信众用手触摸墓壁环绕而行，洛阳民间称之为"沾灵气"。

另外，在春祭期间，洛阳当地还会举办一些其他地方关帝庙所没有的活动。比如，由各村关帝社各选送一只白羊，羊脖子下挂一个木牌，上写"神羊"字样，羊头及全身以红绿绸布结花。由民间古乐吹奏导引，社首沐手捧香步后，社众拥"神羊"紧随，在大殿"关圣帝君"像前行九叩礼。然后焚香献酒，斟酒敬羊（用酒洒羊头），如羊受酒摇头，则表示关帝神灵附于羊，并赐福于社众人等；若羊头不摇，则说明该社奉神不诚。这时社首即用烫酒浇羊头，羊遇烫酒必摇头，也算是一躲"祸"之法。当这些"神羊"附灵之后，社众"得兹灵佑"，深信一年平安。回社后，就要大摆宴席，社众及家属参加，以示庆祝。这便是所谓的"领羊"习俗……

2008年，关公信俗被列入第二批国家级非物质文化遗产名录。作为全民族共同的神灵和英雄，关公早已深深地融入中国人的精神血脉。

河南洛阳关林国际朝圣大典　视觉中国

上海城隍庙　视觉中国

城隍：也曾守护河山，所以不曾落寞

　　当代年轻人提起城隍，大概首先想到的是时尚之都上海的城隍庙。除了因为它的名字带有"城隍"二字，还因为它坐落在上海最繁华的地段，和旁边的豫园一道，组成了人们到沪后不可不打卡的著名旅游景点。年少时我不知道城隍的意思，也并不了解关于它的历史文化，就曾以为城隍庙仅仅是一个景区而已。直到后来爱上历史，沪上老友无意间说起城隍庙供奉的是西汉名臣霍光，这才让我对"城隍"这个名词有了追根究底的兴趣。霍光既非上海人，和上海也没什么关联，是怎么成为上海城隍神的？换言之，城隍神是怎么来的？这是一种怎么样的信仰，又是怎么兴起的呢？

　　这些问题，我们一个一个解决。

西汉名臣霍光像　Clancy Noakes/视觉中国

民众需要什么，就有什么神

检索文献，"城隍"一词早在儒家六经之一的《易经》里就出现过："城复于隍，勿用师。"这句话怎么解？还得搬出许慎的《说文解字》："城，以盛民也"，"隍，城池也。有水曰池，无水曰隍"。城就是土块修成的城墙，隍指外面挖的堑壕，也就是护城河。有水的叫城池，没水的叫城隍。那么，城复于隍，意思就是说，城墙倒塌在了堑壕里，城市也完全没有了护体，不需要再用兵来征服了。

后来，城隍代指居民聚集、修缮完备的城市。孙吴重臣薛综在给皇帝上书时，曾说过这样一段话："今辽东戎貊小国，无城池之固，备御之术……"可见，此时的城隍（城池）单指城市，还没有与神明相关联。

那么，城隍会有神守护，这种观念是什么时候出现的呢？

虽然这一信仰后来遍及华夏大地，但它的源头还真难以从文献中追溯到。明代时对城隍神的祭祀已经得到官方认可，当时的礼官发表总结性讲话时，开口也说："城隍之祀，莫详其始。"不过唐朝的缙云县（今浙江省丽水市缙云县）县令李阳冰却在《城隍庙碑》中点明："城隍神，祀典无之，吴越有尔。"意思是，给城隍神办祭祀典礼，国家没有出台相关政策，但在东南的吴越这一带盛行。明朝人曾就此说法有针对性地反驳，举例说在唐朝遍地开花的城隍神祭祀，非吴越仅有。其实作为越地官员，李阳冰并非盖棺论定城隍祭祀源于吴越，只是概括了当时当地的风俗而已。城隍神祭祀在史书上首次被提及，是在南方的楚地。

南北朝时期，南边正值梁武帝萧衍建立梁朝，北边则有北齐和北周两个政权，此时被统称为"后三国时代"。在这样的乱局下，人民对国家不一定存在极度认同，随时有"跳槽"到他国的可能。北齐的天保六年（555年），两名梁国高官在本国待得不顺心，以一座叫郢州（今湖北武昌一带）的城市作为投名状，投靠北齐去了。北齐喜提免费领土，自然高兴，而吃了亏的南梁也不肯善罢甘休，准备用武力夺回面子和里子。

梁国大军水陆并进打到城下，几番攻城无果后，就用了个损招儿——往护城河里投入大量荻叶，连绵几里路，叶子满满当当地堵住了行船，完全切断了城里的人跟外界的联系。郢

城隍庙 视觉中国

州这会儿坐镇的是一个叫慕容俨的人，他刚刚上任，还不了解城里情况，发现自己和一城百姓身处于孤城险境。为了安抚大家，只好上了点儒家价值观，用忠义之类的说辞劝大伙儿不离不弃，就算最终死了，也是光荣地为国捐躯。

士兵们并不消极，有人想到了"遇事不决，就用神学"的传统艺能，给领导提意见，说郢州城有一座城隍祠，当地人都喜欢找里面的神祈福。这就是史书上城隍神的第一次出场："城中先有神祠一所，俗号城隍神。"慕容俨顺应民意，真的带领城内百姓去拜神。果然，拜完不久，郢州上空就刮起骤风，水上掀起惊涛，荻叶纷纷被吹离水面。南梁人赶紧用铁链锁住水面，而慕容俨见招拆招，继续去找城隍神求助。神也很给面子，几次三番显灵，帮当地人渡过了难关。

这则故事，用后见之明来看，显然是自然界的风无意间为城中居民解了围，但当时的文字工作者将其宣传成了只有神的庇佑，用超自然力量来证明己方是正义和不可战胜的。不过，从这里我们也看到了，当时郢州已经形成了城隍神的概念。《南史》里也记载，梁武帝的儿子、邵陵郡王萧纶当初管理郢州时，当地发生了各种怪事，萧纶也准备用最高规格的祭品——牛，来祭祀城隍神。可见，郢州人的城隍信仰不是一时兴起，而是由来已久，深入人心了。

中国人自古就是多神信仰，山有山神，水有水神，土地有土地神，就像南宋爱国诗人陆游说的："凡日用起居所赖者皆祭，祭门、祭灶、祭中溜之类是也。"根据这个原则，城隍衍生出自己的神，也就不算突兀了。而且，华夏子民历来就非常讲求实用主义，每次创造一个神，就要求他具备一定的功能，能满足人们的心愿。这不，郢州人对城隍神的重视程度，就已经到了"公私每有祈祷"的地步，无论为公事还是私事，都找这位神帮忙。真是应了那句话，甭管哪路神来了，都得为人民干活儿。

神仙也要遵照"996"模式

经过几十年的发展，唐朝的城隍信仰早已飞遍大江南北，而城隍神的工作任务也更重了。

开元年间的名相张说在担任荆州大都督府长史的时候，刚到任就认认真真地祭祀了一次城隍。祝文里的"山泽以通气为灵，城隍以积阴为德，致和产物，助天育人"指明了城隍神的工作，就是帮老天爷丰富当地物产、抚育当地人民。而辛辛苦苦搞一次祭祀，张说要求的自然也不含糊，他还给城隍开出了细致的岗位要求："庶降福四甿，式登百谷，猛兽不搏，毒蛊不噬。"他要城隍神降福给百姓，让五谷丰登，猛兽不来扑倒庄稼，毒虫也不会吃粮食。

被隋朝改名为鄂州的郢州，也是城隍神祭祀的最佳传承地。李白写的《天长节度使鄂州刺史韦公德政碑》有记录，说鄂州刺史韦良宰在任时，鄂州发生了洪灾，很多地方被淹了。韦良宰知道当地城隍神信仰很普遍，就指着城隍说："若三日雨不歇，吾当伐乔木，焚清祠。"这位刺史大人倒也不完全是无神论者，只是他"迷信"官方，认为城隍是凭空出现的"淫昏之鬼"（淫指泛滥、很多），不是官方盖章的神，所以，他敢指着城隍老爷威胁他，要烧了他的祠。

城隍神不仅管收雨，连下雨这种民间早已默认为是龙王的活儿，在唐代也被纳入了它的工作范畴。唐肃宗乾元二年（759年），缙云久旱不雨，县令李阳冰效仿前辈，对城隍进行恐吓："五日不雨，将焚其庙。""小李杜"中的杜牧，在黄州当刺史的会昌二年（842年），也找城隍求过雨。不过，作为文化人，杜牧说话客气多了。《祭城隍神祈雨第二文》里完全是祈神的语

广东揭阳举行城隍庙会　陈楚红/中新社−视觉中国

四川绵阳郪江城隍庙会　视觉中国

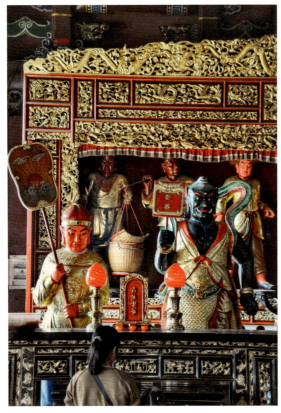

广东揭阳城隍庙　视觉中国　　　　　　　　　　浙江宁波城隍庙　视觉中国

气："今旱已久，恐无秋成，谨具刺史之所为，下人之将绝，再告于神，神其如何？"

　　除此之外，在文坛群星璀璨的唐朝，也有不少人为城隍写过祭神文，许下过护民心愿。写出"海上生明月，天涯共此时"的名相张九龄在洪州（今江西南昌）做官的时候曾祭祀洪州城隍；大文豪韩愈虽然反对佛教，但对本土的城隍神一如既往地信仰，写有《潮州祭神文》；"小李杜"中的李商隐也有《为安平公兖州祭城隍神文》。

　　由此可见，城隍信仰一开始应该是由民间而来，而官员们也很愿意信奉这种民间信仰，成为找城隍寻求保护的人。

　　宋朝时，人们生了病都要找城隍拜拜。《宋史·梁延嗣传》记载，某年梁延嗣突然生了重病，去找城隍神祭祀求福，结果晚上就得到了神的回应。城隍入梦告诉梁延嗣："别担心，你可以活到九九八十一岁哦。"果然，没多久，梁延嗣的病就好了。后来他也确实终老于81岁。

　　到了元、明时期，人们又给城隍老爷加活儿了，除了让他负责管洪水、护城等工作外，又让他到司法部门兼职，做"神探"。

　　《元史·田滋传》记载，田滋在当浙西廉访使的时候，遇到了一个受冤枉的小官员张彧。

浙江湖州府庙城隍庙　视觉中国　　　　　　　　　广州广东都城隍庙　视觉中国

他是某县的县尹，被人诬陷贪污，下了大牢。田滋亲自审案，张彧也只是低着头掉眼泪，一言不发。田滋觉得很奇怪，他没有仔细查问旁证，而是选择又一次"遇事不决，就用神学"。第二天，田滋沐浴斋戒完，向城隍祠做祷告："张彧是被冤枉的，希望神帮帮我，让我查清楚真相，洗清他的冤屈。"没一会儿，在城隍庙工作的道士就来检举揭发了。原来，冤枉他的人也信仰城隍神，带着心愿去城隍祠拜神，妄图瞒天过海。大概因为做贼心虚，怕被发现，这伙人还没等焚烧证据的火烧完就走了。道士在灰烬里找到了没烧完的残纸，留下了证据，最终田滋帮张彧洗清了罪名。

《元史·观音奴传》也有类似记载。说彰德有个富商任甲，打死了一名伙计郃乙。郃乙的妻子王氏和小妾孙氏知道丈夫死得冤，王氏让小妾先出面去找官府告状。可官吏已被富商贿赂，不仅不秉公办案，还把孙氏抓进了牢房。正妻王氏不服，又来诉冤，户部主事观音奴接案后，马上释放了孙氏，又给手下人说，要为郃乙的事去求城隍神，让神显灵告诉他真相。此话一出，收了钱的小吏立刻坐不住了，一是看观音奴严明，二也怕城隍神显灵，他受贿的事败露，于是赶紧主动招了。看来，城隍神办案，还是有点"狄仁杰"的能力在身上的。

明朝也有一则同类旧闻。一个官员遇到一个小偷小摸的盗贼，抓不到他，跑去求城隍神，于是，城隍神显灵，刮起一阵狂风，把已经躲好的小偷卷到了城中心，后人赃并获。

从守护城市这种宏大的任务，延伸到具体的管风调雨顺的工作，再到直接插手人间的细枝末节，城隍老爷这工作量，简直能到达"996"的饱和状态。用李阳冰的话说，就是"水旱疾疫必祷焉"。

以上还只是官方史书对城隍的记载，算是官家承认的案例，民间对这些神怪之事只会有更离奇的演变。比如，《太平广记》引用《报应录》里的一则故事，说唐朝某任洪州司马叫王简易，某次突然生了重病，晚上就梦见一个鬼使来见，说是奉了城隍神的命令，要找阳寿已尽的人去报到。瞧瞧，城隍不仅管天管地，还到阎王那儿夹了一筷子。

这种对神职的混用，也算是中国特色了。人们把神仙视为无所不能的存在，认为只要百姓有所求，他们就都得满足。同时，大概不想再受请官方办案时烦琐的流程的限制，对待举头三尺的神明，人们就只想简化过程。所以，哪怕天庭真有要求神仙各司其职的明训，也架不住百姓的祝祷或威胁，神仙都得为了香火疯狂内卷起来，不断加强自己的业务能力。用现在的话说，城隍神纯纯是个"智能神"。

城隍升职记

虽然，在唐代城隍已经被全国各地的民众和官方代表主动祭祀，但正如韦刺史说的，它还没有被皇家盖章，没进入官方认可的系统，只能算是民间滥封的神。于是，晚唐时，为城隍加封的皇帝就出现了。

这个故事出自地方记录。清代金石学家王昶的《金石萃编》引用《华州城隍神新庙记》，记录了唐末的一则风波。唐昭宗乾宁三年（896年），已经位极人臣的李茂贞跟朝廷闹翻，率军直入首都。一位大臣劝皇帝去华州避一避，可转脸就心生叛变，打算行刺皇帝。当他刚走进天子在华州的临时寝宫时，就听见有神在骂骂咧咧："你本来不过是陈地和许地之间的一个小卒子，是天子施恩让你有了现在的地位，你竟敢干谋逆弑君的事？"吓得这位大臣跌跌撞撞跑出了寝宫。第二天，皇帝派人去查访，回报的人说仗义护主的神就是华州的城隍。唐昭宗对城隍爷感激不已，光化元年（898年）就给了它一个世俗的爵位，济安侯。

这例册封算是开了先例，各地城隍神的封号纷纷扶摇直上，以神职身份在朝廷里享受了等同于王爷的荣誉。

《册府元龟》记载："后唐废帝清泰元年十一月，诏杭州城隍神改封顺义保宁王，湖州城隍神封阜俗安成王，越州城隍神封兴德保阖王。"随后，后汉隐帝又把蒙州（今河南省南召县东南）的城隍封为灵感王。为什么单独加封蒙州的城隍呢？当时海州的贼寇攻打华州城，城里的百姓去找城隍神祈祷，希望城隍能庇佑他们。结果，城池真的完好无损，没有被攻陷。当地人觉得是城隍显灵了，于是赶紧申请给蒙州城隍升级。

民间的信仰影响到了朝廷，朝廷的认可也反过来让民间对城隍神更加推崇，正所谓"宋以来其祠遍天下"，形成了一个正循环。城隍地位上升后，对城隍的祭祀也被纳入官方庆典。宋太祖时，"太祖平泽、潞，仍祭祅庙、泰山、城隍。"赵匡胤就带头祭祀了城隍，甚至让城隍享受了与被历代皇室最重视的泰山排排坐的荣耀。

皇帝都祭祀城隍了，底下的官吏自然更少不了逢年过节为城隍祈福。陆游在他的散文《城隍庙记》里说，在宋代，城隍神的祭祀仪式已经完全超过了其他地方神祠。而这说起来也不算过分，毕竟，"城者以保民禁奸，通节内外，其有功于人最大"，人民的安全和幸福得以保障，城隍神要占很大功劳。

宋朝郭象撰写的鬼怪小说《睽车志》曾提到城隍有夫人，于是到了元朝，元文宗不但把大都（今北京）的城隍神加封为"护国保宁王"，还很贴心地为城隍神安排了配偶，封其为"护国保宁王妃"。

至此，城隍的地位无论是在皇家还是民间都已提升，但朱元璋还有新玩法。他开国后不久就下了封诏书，要给天下的城隍神来一次明朝版册封，让各地的城隍神像地方政府一样，拥有各自的级别。

京师南京的城隍神被封为"承天鉴国司民升福明灵王"，统管天下其他城隍神。开封、临濠（今安徽滁州凤阳）、太平（今安徽当涂）、和州（今安徽巢湖和县）以及滁州这些在朱元璋征战生涯中比较重要的地方的城隍神被授予了王爵；再下面的府一级城隍是公爵，封号是"鉴察司民城隍威灵公"，品秩等同于朝廷官员的正二品；州一级的是侯爵，封号是"鉴察司民城隍灵佑侯"，正三品；县级城隍是伯爵，封号为"鉴察司民城隍显佑伯"，正四品。而且，不同级别的城隍神在形象上也要有所区别，比如，在塑像的时候，城隍衣服上的纹饰和头戴的冕旒都得有等级的区分。

这种做法，与其说是尊神，倒不如说是朱元璋在彰显自己的统治权威。他不仅能册封神，还把各路城隍神都收在了自己的统治之下。这一结果大概跟人们在祭祀城隍神的过程中逐渐将神人化有关。

神仙与凡人合体

各城都有自己的神，这就使城隍神不是单一的某个神或某个人担任。甚至有时候，一座城里可能有好几位城隍神。比如，上海城隍庙里供奉的，除了前面说的霍光，还有另外两人——秦裕伯和陈化成。他们三人都已经走入史册，是凡人入神。这说明，城隍神多是这样来的。

宋人赵与峕在《宾退录》里一针见血地说，"至于神之姓名，则又迁就附会，各指一人，神何言哉？"反正神和死了的人又不会说话，活着的人说谁是神谁就是。只要公推出来的那个人具备一定的民间基础，人们就会信任这种"造神"，把他推成信仰。

让死后的凡人成为守护一方的神，其实也是中国民间的"造神"特色。比如，三国时期蜀汉的关羽关二爷，就因为忠义而被民间捧上神坛，并且已经身兼多职，当了多功能神。古时的人们抱持着美好的心愿，相信忠义的英雄们死后一定也是心系民众的，他们的灵魂会继续守护众生。所以，让他们担任城隍神，也完全符合中国人对祖先的敬仰和对英雄的崇拜的要求。

《宾退录》记录了人们造出来的各地城隍爷，其中大部分是汉初名人。如镇江、庆元（浙江宁波）、宁国（安徽宣城）、太平、襄阳、兴元（陕西汉中）、复州（湖北仙桃、天门等地）、南安诸郡、华亭、芜湖等地的城隍神，是楚汉争霸时牺牲的汉将纪信；隆兴、赣、袁、江、吉、建昌（江西古县名）、临江、南康（江西赣州）的城隍老爷则是汉初名将灌婴；福州、江阴一带信奉的是被项羽烹杀的周苛；真州（江苏省仪征市）、六合（江苏省南京市六合区）的城隍神则是汉初异姓王英布；和州（安徽马鞍山市和县）的城隍神是项羽的谋士范增；襄阳市谷城县的城隍神则是汉初三杰之一的萧何……

这些人被民间奉为城隍神，主要与他们的籍贯或受封地有关。其中最值得一提的，是拥有信仰受众最多的纪信。

纪信是汉初将领，很早就加入了刘邦的队伍，西灭秦、鸿门宴这些历史名场面，他一一

供奉纪信的河南郑州城隍庙　视觉中国

亲历了。后来，项羽和刘邦在彭城打了场大仗，刘邦兵败躲进荥阳城，被楚军重重包围。关键时刻，纪信挺身而出，说要去摆个阵，骗一下楚王，让刘邦趁机逃走。纪信派出2000多个身穿铠甲的女兵，自己则坐在刘邦的车驾上，化装成刘邦，带众士兵突围。楚军果然中计，赶紧围了上来，忙乱中刘邦得以逃脱。而纪信就没那么好运了，惹怒了项羽，被活活烧死了。

　　纪信的忠勇，是帝王们要让子民拥有的品质，因此，在城隍信仰风靡时，纪信被立为黄河流域甚至南方楚地的城隍神。这就形成了一个完美的守护闭环。民间推崇的神是曾经的凡人，

陕西西安城隍庙　华商报/视觉中国

这些凡人都是忠君爱国之人，死后成神，自然也会更努力守护皇帝和百姓。所以，唐天子开始为城隍盖章，一来是证明神和天命在自己这一边，二来也是宣扬人人都应该爱天子。

以上这些封神案例都源自民间追溯忠义之士的意愿，《宋史》里记载了一个当场成神的人。该人名叫范旺，是宋朝南剑州顺昌县巡检司军校，忠肝义胆。遇上叛乱，别人要么投降，要么幸灾乐祸，只有他大声痛斥同事们不要脸，被乱贼残忍杀害。后来叛乱平定，范旺被杀死时的血迹还在地上，并且很久都没有消失。当地人惊诧，就在城隍庙为范旺立了雕像，过年过节进行祭祀。这也是史书第一次记载凡人成为城隍神。

有了当代人死后立地成神的故事，一些高级官员对城隍神自然也就没那么敬仰了。明末有个叫王章的官员，在甘肃当官时，遇到两河旱情严重，于是当即给城隍写了一封声讨小作文，说城隍接受了地方香火的供奉，工作任务就是守护一方安宁，如果做不到，他就要给天子打报告，撤城隍的职。

看来，混到明末，城隍爷真是没啥面子。此时的城隍神因为朱元璋的那套分封系统，地位就相当于地方官，可以进入被官员参奏和弹劾的系统，随时被撤职。

不过，即使官方越来越不推崇神尊的地位，也完全不影响民间对城隍老爷的崇拜。在那些"皇权不下县"、心声难达天听的小地方，城隍就是老百姓心中守护公正的神明。因此，民间的城隍信仰越来越盛行，还形成了固定的参拜仪式。在陕西西安的鄠邑区（古称户县）一带，"迎城隍"的仪式就直接办出了个国家级非物质文化遗产项目。

西安如何迎城隍？

鄠邑区的城隍祭祀，按地区分为三个社，渭河南岸一带19个村为一社，城隍神就是上文提到的纪信，是"大城隍"；大官路东西的21个村是一社，信奉的是明初在鄱阳湖之战战死的韩成，号"二城隍"；涝河东西的13个村子又是一社，周苛是他们的城隍神，称"三城隍"。

因为那么多村共用一个城隍神，而每个村也都想为城隍爷供献一份香火，所以，这三个社的50多个村子，每年都要轮流接城隍神去自己村子里享受祭祀，当地人把这种活动叫"接爷"。

有接有送，又涉及村子之间的交流，迎接的村子和恭送的村子都不敢怠慢交接仪式，活

陕西西安鄠邑区村民迎城隍　华商报/视觉中国

动自然就办得庄严隆重又热闹非凡。

整个交接过程主要分为祭祀和巡游两部分。祭祀一开始，由城隍庙的主持道长领衔，率领所有道士开坛，举行各种请圣、救苦等道教仪式，然后再由老百姓一一拜别。

双方交接时，恭送的村子庄严的仪式一个也不敢少，烧香、放炮、敲锣、奏乐之后，迎接村的人才进庙。然后，恭送村要为城隍神掸去身上的灰尘，洗漱一下金身，清点城隍的随身物品；烧香焚纸，再念送别词，放礼炮，起音乐，恭送城隍神起驾。然后就转到迎接村的表演。迎接的村子也有一套仪式，奏乐、上香、祭酒、敬茶和上菜；朗诵祭祀文，接收物品名册，捧起城隍夫妇的牌位，扶两位尊神上轿。伴随着更隆重的音乐，城隍终于起驾。

到达目的地后，交接仪式还没结束。城隍夫妇落轿后，村民先是一通敲锣打鼓，表示城隍神已到，然后在本村的庙里奉上香案供桌等，表演一些文娱类绕场节目，再把城隍夫妇抬进庙里落座。城隍落座后，本村人要进行第一次祭祀，完成叩头、敬茶、烧纸、诵经等仪式。

在接和送之间，就是"接爷"活动的高潮，也就是前面说的游街部分。

游街的阵仗，按当地人描述，多的时候有一两千人参加。一路上围观的就更不用多说了，主打一个声势浩大。参加仪式的人不分男女老少，他们一个个穿红着绿，准备贡献精彩表演。

游街活动开始，有人骑着高头大马开路，马上绑着代表喜庆的红色结绳。紧随其后的就是气氛组和文娱团。有表演当地特色鼓舞和秧歌的，有武术杂耍、社火表演，有西洋交响乐队，还有由道士和道姑组成的传统乐器队等等。这一路恰如小品节目里说的，那是锣鼓喧天，鞭炮齐鸣，人山人海。

在娱乐活动相对匮乏的乡村，这简直就是全民狂欢，比过年还热闹。如果说最开始迎城隍还是一种庄严的民间信仰，那发展到今时今日，信仰之外，又多了一份文化传承。在年复一年的仪式中，陕西人民的传统技能也得到了很好的保存和传承。比如，"接爷"活动中的保留项目——户县北乡锣鼓，就被评为了省级非物质文化遗产，留南村的锣鼓更有"中华鼓王"的美称。西安鄠邑区的迎城隍活动所形成的传统民俗，更是在2014年被公布为第四批国家级非物质文化遗产代表性项目。从这一点看，或许可以说，在这个无神论的新时代，城隍神也还在为没有抛弃它的民众贡献自己的能量。

二十年轮一次，陕西西安坳河村4000多名男女老少齐参与"接爷"回村 华商报/视觉中国

陕西西安鄠邑区热闹的迎城隍仪式　华商报/视觉中国

山东潍坊临朐沂山主峰玉皇顶 / 视觉中国

在沂山偶遇千年的信仰

"大海东来第一山"

在山东省潍坊市临朐县境内，坐落着东海面向内陆的第一座高山，即号称"大海东来第一山"的沂山。沂山位于泰山以东，距黄河出海口也不算远。它属于泰沂山脉的支系，也是沂蒙山这个人文概念的重要组成部分。

自古以来，中华民族就钟爱名山大川。先民认为，山岳不仅孕育了万物，还高拔接天，是人间与上天沟通的媒介。汉代《韩诗外传》说："夫山者，万民之所瞻仰也，草木生焉，万物植焉，飞鸟集焉，走兽休焉，四方益取与焉。出云道风，嵷乎天地之间。天地以成，国家以宁。"故而高山巨岳在古人心目中超凡入圣。

自上古时代开始，中国就有祭祀山川的活动。《礼记·月令》中，曾多次记载有关山岳的岁时祭礼，如孟春之月，"东风解冻"，天子祈谷籍田，"命祀山林川泽，牺牲毋用牝"；仲夏之月，因求雨"命有司为民祈祀山川百源，大雩帝，用盛乐"；季夏之月，"令民无不咸出其力，以共皇天上帝、名山大川四方之神"；季冬之月，"乃毕山川之祀"。

历朝历代祭祀的名山主要是五岳五镇。岳，指四方位的大山，以其表示国家的疆域。镇山，本意是镇守一方和安定一方的意思，引申为一方的主山，古人为它们"制名修礼，以镇天下，是故均五方则有五岳之名，镇诸州则有诸山之名"。譬如《周礼·夏官·职方氏》就记载了安定华夏九州的镇山，东南

沂山仙境　视觉中国

曰扬州，其山镇曰会稽；正南曰荆州，其山镇曰衡山；河南曰豫州，其山镇曰华山；正东曰青州，其山镇曰沂山；河东曰兖州，其山镇曰岱山；正西曰雍州，其山镇曰岳山；东北曰幽州，其山镇曰医无闾；正北曰并州，其山镇曰恒山。

秦汉以降，五岳之制渐趋稳定，镇山模仿岳，也有了方位性，汉与隋定五岳为：东岳泰山、南岳衡山、西岳华山、北岳恒山、中岳嵩山；隋唐定五镇为：东镇沂山、南镇会稽山、西镇吴山、北镇医巫闾山、中镇霍山。总而言之，沂山总在山镇之列，自古便为闻名天下的大山。《史记·封禅书》载，黄帝最先登封沂山。舜肇州封山，定沂山为重镇，禹时即祭祀沂山。

不过，沂山较之距离不远的泰山，显得略逊一筹。汉武帝一度曾想封禅沂山，最终仍然作罢。对此，《汉书》中记有："天子既令设祠具，至东泰山，东泰山卑小，不称其声，乃令祠官礼之，而不封禅焉。"汉武帝本已命人准备了祭祀用具，但到沂山后发现，沂山比较矮小，就只命祭祀官员在此行礼，没有举行封禅大典。反观泰山，在五岳中地位独尊，帝王往往以封禅泰山为"告成天下"的重大礼典。譬如，秦始皇即帝位三年，"东巡郡县，祠邹峄山，颂秦功业"，并从泰山前坡登顶，"立石颂秦始皇帝德"，告示上天。元封元年（前110年），汉武帝在祭祀了华山、嵩山之后，在四月"登封泰山，降坐明堂"。由此可见，沂山的祭祀规格，比泰山为低。

东镇沂山祭仪

隋之前，中国祭祀"镇山"，只有"四镇"之名。所谓"五镇"，是从隋代开始的。隋代虽短暂，但却创建了诸多影响后世的制度，在镇山庙的创立上，也是首开先河。据《隋书·礼仪志》记载，隋代开皇十四年（594年）闰十月诏封五镇山，并规定各镇就山立祠，祠由附近的"巫"一人主持洒扫，且命祠要多种植松柏，此为祀镇制度形成的开始。对五镇的祭礼，须低于对五岳的祭祀。当五岳封"王"时，五镇为"公"；五岳升为"帝"时，五镇方称"王"。

在五镇之中，沂山素有"五镇之首"的美誉。清《玉海》记载："周世宗显德四年（957年），止祭沂山，其诸镇不祭。"在北宋初期，《太常因革礼》则说，宋太祖赵匡胤也曾经下令，"祭以五郊迎气日祀之。今岁立春止祭东镇沂山，余镇不祭"。关于宋太祖祭祀东镇还有一个传说：当年赵匡胤登基称帝，韩通不服，据守穆陵关，安营扎寨、招兵买马，与赵匡胤对垒。尽管赵匡胤武艺高强，但也斗不过有法术的韩通，苦战一天，败下阵来。赵匡胤夜宿山神庙，梦沂山之神相告：明日再战，我当助一臂之力。次日，赵匡胤与韩通决战穆陵关，当韩通再施展法术，伸出丈二神臂时，被关口垛口死死卡住，最终被赵匡胤擒获。开国后，为了报恩，太祖在九龙口为东镇之神重塑金身，又重建了东镇庙。到了元代，必阇赤僧宝代祀碑碑文中，提出了"山镇之大，莫先于沂"的说法。明清两代则相沿成习。清代《重修东镇庙落成碑记》在开篇就说："天下有五岳，而泰岳为尊，天下有五镇，而沂镇为尊。"

明代规定，每年在春秋两季及遇登基或"天时不顺""地道欠宁"时均命有司遣使祭礼山川。比如，明弘治五年（1492年），天气大旱，饥民遍野，时任巡海右道副使的赵鹤龄致祭东镇沂山之神，希望神明能够悯此生灵，国家元气，念此地方供御所系。祭文里说，"民惟邦本，食惟民天，神依人而血食，人赖神以安全，神人相须，理之自然"，突出保护当地民生乃东镇沂山神的职责所在。而五郊迎气日之祭，是镇山遣使祭祀中的常规祭祀，它的祭祀时间、主祭官员、祭祀地点都十分固定。其中，所谓五郊迎气日即立春日、立夏日、立秋日、立冬日和土王日，而五个迎气日，分别对应东南西北中五大镇山，具体祭祀日期与各镇山皆五行相对，分列有序。

虽说是"遣使",但实际上是代帝王致祭。关于代祀的原因,明太祖朱元璋有过自己的解释:"予自建国以来,十年于兹,每望祭神于京师,未遂诣祠而祝。予当亲至近郊而望祀,奈国为新造,民为初安,是不得亲临所在而祀神也。特遣开国功臣某道士某,以如予行。奉牺牲祝帛于祠下,以报效灵。"综观朱元璋之语,其中虽多为托词,但也在一定程度上说明了代祀的原因:由于路途遥远加之政事繁忙,帝王亲至镇山祭祀自不现实。

而就沂山而言,明代官方祭祀多达38次,其祭祀的频率远远超过了之前元代的7次和之后清代的3次。明代镇山遣使祭祀的礼仪已然形成定制。

据明《续文献通考》记载,每逢遣使祭祀,"帝皮弁御奉天殿,视香祝,躬署御名以授使者,百官公服送至中书省,使者奉以行……祭毕镌祝文于庙石,赐守祠者金"。清代遣使祭祀的情况,在清光绪《临朐县志·坛庙》中有简略记载:"重臣致祭,用帛一、牛一、羊一、豕一、登一、铏二、簠簋各二、笾豆各十、尊一、爵三、炉一、镫二。将事行礼,与祭地祇坛仪同。"除了定期祭祀,凡遇皇帝登基、天灾、战事等重大活动或事件,皇帝往往遣使到沂山祭告,祈求佑护。如光绪《清会典事例》就明确记载:"登极、授受大典、上尊号、徽号、加上徽号、皇太后圣寿大庆、万寿圣节大庆、册立皇太子,均先期遣官祇告天地、太庙、社稷,并致祭岳镇海渎、历代帝王陵寝、先师阙里。"由此可见,传统祭礼基于王朝政治需要,在时间选择、主祭人身份与具体仪式上都有严格的规定。

古代祭祀镇山的地方,位于沂山左麓(东部)的东镇庙。此地前有"笔架山",庙西五里为"百丈崖",崖有瀑布。汉武帝时曾设祠,隋代重修。"初庙在山巅,至宋时始迁今地。"到了明代,东镇庙布局形式为:遥参亭,位于距庙约十里的大道西侧。牌坊,立于庙前东侧。棂星门,即山门,后改为门式,又称三门。门内左有祭器库、宰牲所(后移至庙东侧),右有上中下五座馆驿。二山门,又称将军殿,其左右有披兵房。二山门内为御香亭,亭后为正殿,其左右有东廊和西廊;再后为寝殿,其左右有东厢、西厢。两殿之间两侧建有钟楼、鼓楼及碑亭。清代庙的布局及规模有了改变。据光绪《临朐县志》记载:康熙元年(1662年)及四十年(1701年)相继维修。至晚清的光绪年间存"正殿五楹、寝殿三楹。公所、道房各三间。殿前御碑楼两座"。

有意思的是,历代封建王朝虽对沂山封号封神,当地民间却称其为"东镇爷爷"。沂山周边地区百姓有难,往往到东镇庙或东镇行宫烧香叩拜,求"东镇爷爷"保佑;遇旱涝灾害,

沂山东镇庙风光　视觉中国

更是首先想到求"东镇爷爷"消灾除难。

正因如此，封建帝制完结后，作为王朝政治的重要组成部分，山川祀典也随之停息，帝王遣使祭祀沂山的活动宣告结束，但民间朝山活动依然活跃。民间定期举行的祭祀活动，是每年一度的沂山庙会，又称沂山香火会，于农历四月初八举行。庙会会期短则三天，长则五至十天。每到会期，人们汇聚于此，虔诚祈祷，或求学求子，或求婚姻大事，摩肩接踵、络绎不绝。

20世纪80年代以后，东镇沂山祭祀仪式得以恢复。从2013年开始，临朐县每年都会举办中国（临朐）沂山文化节。首届沂山文化节于2013年5月7日开幕，为期一个月。首届沂山文化节包含了东镇沂山祀山大典。在癸巳年东镇沂山祀山大典仪礼上，以传统盛装表演的形式，再现了古代帝王诏封沂山之神的情形，重点展现了汉武帝祀山仪式。祭仪中有东镇沂山乡民献供、奠酒，省市来宾、其他镇山来宾献花篮，主祭人宣读祭文等活动。同时，根据广场文化活动需要，结合祭典，充分展示当地民间艺术，并且邀请了南镇会稽山的茶道表演团体加入祭典的表演，以此吸引前来观礼的群众。

古老的沂山祭祀文化在新时代再次焕发出耀眼光芒。2014年，国务院公布东镇沂山祭仪入选第四批国家级非物质文化遗产代表性项目名录。今天，在东镇沂山祭仪上，人们依旧能看到中国长达三千余年的祭山传统。

首届沂山文化节祀山大典　视觉中国

首届沂山文化节祀山仪式现场
视觉中国

泰山石敢当石雕　视觉中国

石敢当：他山之石　可以攻玉

泰山好物　敢于担当

如果您有机会到"五岳之首"的泰山脚下，沿着中轴线，从岱庙一路行至红门，可见两旁的门店里摆满琳琅满目的泰安特产，最引人注意的是大小不一、形态各样的泰山石，上面大都刻着"石敢当"或是"泰山石敢当"，有的粗糙笨重，有的精细灵巧。其中最受欢迎的当数狮形石敢当，它们一个个双眼圆瞪，有的还张着大嘴，憨态可掬，古拙呆萌，造型相当有趣。

如若您对石敢当心生好奇，可询问店主："这石敢当是干吗用的？"店主定会笑着说："镇宅挡煞辟邪，保平安。"此话不假，泰山位列五岳之首，山上一草一木一石都有灵性。2006年，"泰山石敢当"习俗更是被列入第一批国家级非物质文化遗产名录。专家们认为，泰山石敢当表现的吉祥平安文化，体现了人们普遍渴求平安祥和的心理，体现了中华民族的人文精神和文化创造力。

不过，面对眼前各式各样的石敢当，人们不禁有些迷糊，到底哪个才是石敢当的原型呢？

历史上，关于石敢当最早的文字记载可追溯到汉代。西汉《急就篇》中写道："师猛虎，石敢当，所不侵，龙未央"。

《急就篇》是我国现存最早的识字课本，唐人颜师古为《急就篇》作注时，这样解释词条"石敢当"："卫有石碏、石买、石恶，郑有石癸、石楚、石制，皆为石氏。周有石速，齐有石之纷如。其后亦以命族。敢当，言所当无敌也。"

颜师古为了注解作为姓氏的"石"字，特意找出了当时人熟悉的一些石氏人名，以加深对石姓的印象。颜氏对"敢当"二字的解释为"所当无敌"，也就是力量强大，不可阻挡，这与今天泰山石敢当的含义可以说是一致的。

虽说"石敢当"一词汉代便已出现，但史籍中关于石敢当实物的记载却要到唐代。据《舆地纪胜》记载，北宋庆历年间（1041—1048年），有个名叫张纬的人在福建莆田做官，得到一块石板，上刻有"石敢当，镇百鬼，压灾殃，官吏福，百姓康，风声盛，礼乐昌。唐大历五年四月十日县令郑押字记"。从文字记载来看，这块唐大历年间的石敢当碑，是在地面平整的情况下从地下挖出来的，如果这是史实，那说明早在唐代就有立石敢当镇邪之风了。

然而，目前考古出土年代最早的石敢当，却要到宋代。在福建省福州市於山顶的碑廊中，保存有一块南宋绍兴年间的石敢当碑，"石敢当"三字位于石碑上方中心部位，与其他碑上碑文的位置有明显区别，具有相对独立的意义。石碑下方还写着"奉佛弟子林进晖，时维绍兴载，命工砌路一条，求资考妣生天界"。可见，当时是将碑立于新修的路边。佛教认为，修路铺桥是功德无量的大好事，能超度去世后的父母，助他们往生天界，而此时的石敢当，已经用于镇护道路了。

一块石板，何以成为镇物？换句话说，石，何以敢当？

一石家门放　家道自然旺

行走在乡间，如果多留心四周环境，常常会发现一些长方形的石条，上面竖行刻着"泰山石敢当"或是"石敢当"几个字。它们大多是嵌立在房屋外壁，或是转角处，或是桥道要冲，或是正对着房屋后面的道路。为什么石块会有镇宅挡煞的功能呢？这其实与上古时期的灵石崇拜有关。

在华夏先民的观念中，石头是有灵性的，它不仅有人的形象，也有人的情感，甚至还有超人的法力。这种观念，在历史长河中一直延续不衰。

古老神话中万物有灵，石头具有极强的生命力与生殖力，就石头本身而言，也有着丰富的意涵。"坚如磐石"，体现出石头坚硬稳固；"海枯石烂"，体现出石头恒久不变；"君当

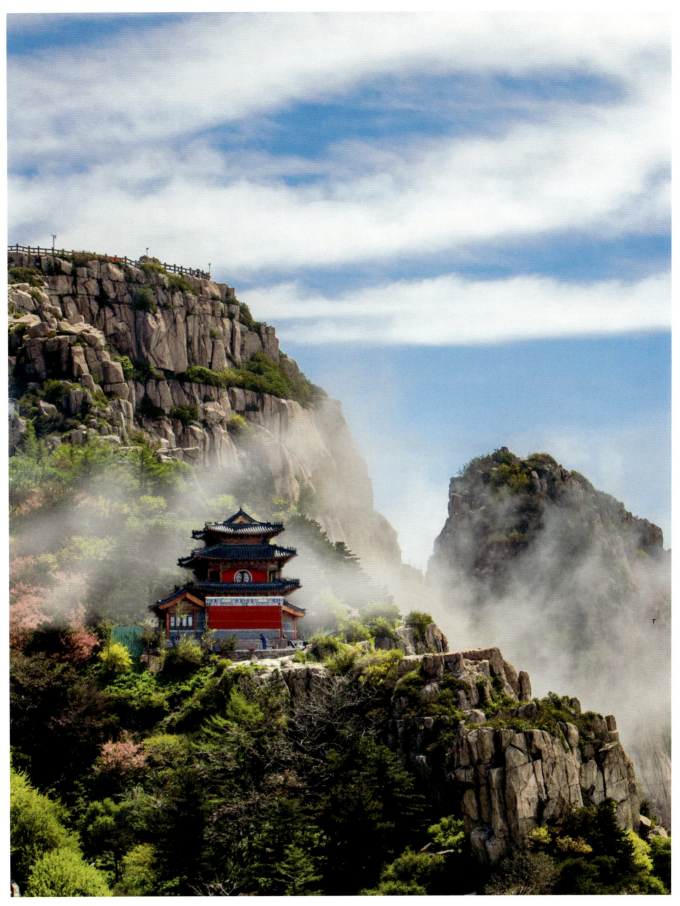

泰山　视觉中国

作磐石，妾当作蒲苇。蒲苇纫如丝，磐石无转移"，象征意志坚定，永不改变；而"返璞归真"则意味着石头本质的纯真与自然。

这种灵石信仰到了汉代开始有了一个具体的名目，唤作"石敢当"。古人认为，石头为阴类之物，有镇宅作用。《汉书·五行志》说："石，阴类也。"《春秋穀梁传》亦有云："石者，阴德之专者也。"先民早在汉代便有埋石镇宅之风俗。淮南王刘安组织编写的《淮南万毕术》中也说："丸石于宅四隅，则鬼无能殃也。"即在房屋四角各埋一块大石，就能驱鬼辟邪。可见，以石镇宅的习俗，在我国至少已流传了两千多年。

关于灵石崇拜，在我国文学地位极高的四大古典文学名著中也有体现。说起这两位人物的名头，可真称得上如雷贯耳，非同凡响。他们是谁呢？这两位，一位是《西游记》中的主人公孙悟空，另一位则是《红楼梦》中的贾宝玉。按小说中描写的，孙悟空本是东胜神洲傲来国花果山正当顶上的一方仙石；而贾宝玉的原形，则是大荒山无稽崖青埂峰下女娲补天剩下的一块顽石。中国两大文学作品中的主人公，都是石头变的，可见灵石在国人的心目中是何等灵异与神奇。

在传统的乡土社会被实用主义支配的民间信仰中，我们可以看到镇物的组合关系，比如相似的镇物相加可使法力值加倍。大约是在宋代，人们觉得石敢当的BUFF（角色本身的力量）不够，便为其冠名叠加了"泰山"二字。

在石敢当前加上"泰山"二字，点明了对东岳泰山的信仰。泰山作为五岳之首，素有"岱宗"之称，在我国古代有着极其重要的地位。中国古代诸侯升封泰山，历代的帝王封禅泰山，因此人们说起泰山之石时也认为其必定不同于凡石，有着特殊的神力。此外，泰山有"鬼府"之称，自古就有驱邪招魂、知人生死的"能力"，汉以来就有把泰山作为"治鬼之山"的观念，"生属长安，死属太（泰）山，死生异处，不得相防"。秦皇汉武封祭泰山之后，泰山便有了是冥司机构中最具权威所在的说法，泰山作为"治鬼之山"的地位得到了加强。治鬼的泰山与驱邪的石敢当结合就变得合乎情理了。

至于石敢当与泰山的结合为何发生在宋代，这是因为，宋代是泰山信仰发展的一个重要时期。首先，延续了上千年的封禅大典在宋真宗封禅之后走向终结。宋真宗执政时期，宋朝与北方的辽国战事频繁，经济衰败，尤其是宋真宗于大中祥符元年（1008年）登临泰山举行封禅大典，这是中国历史上在泰山举行的最后一次帝王封禅。其次，宋真宗两次给泰山神

王莽泰山封禅仪具　视觉中国

加封，第一次加封其为"仁圣天齐王"，第二次加封为"天齐仁圣帝"，正式确立了泰山神"东岳大帝"的地位。同时，对泰山神夫人、子女的加封进一步加强了泰山神人格化的色彩。这也是在后世的演变中，石敢当出现了人形，甚至往往是以一副勇士姿态出现的缘故。大中祥符三年（1010年），宋真宗下旨，诰令天下各地营建东岳行宫或神庙，此后东岳大帝信仰的影响日渐扩大，臻于极盛。

中国山岳崇拜的代表泰山信仰，与灵石崇拜的代表石敢当习俗，一个是"山"，一个是"石"，两者结合是合乎情理的。从一块普通的泰山石，提升到具有无限神力的灵石，融入人们如此深厚的期待，给人们心理和精神巨大的支撑与安慰，这恐怕与泰山在华夏民族心目中"万邪为民之躲闪，万福为其开泰""泰山立，天下安"的地位有关。"稳如泰山"是一种不可动摇的状态，"泰山压顶"是一种不可阻挡的势力。

石敢当习俗自汉代肇始以来，历经数千年的发展，在中国文化殿堂中形成了独立的品格，在中华大地的山山水水间留下了数不清的印记，至今在中国普通民众的生活中仍然有着重要影响。

山西张壁古堡屋角泰山石敢当　IC photo

山西昭馀古城明清古民居影壁墙　视觉中国

第四章

行业百态

热闹的胡集书会　视觉中国

永不散场的胡集书会

打起简板、拉起琴弦、说书亮艺。年过花甲的艺坛前辈，风华正茂的后起之秀，你方唱罢我登场。西河大鼓、山东落子、沧州木板大鼓……众多曲种轮番亮相。观众摩肩接踵，川流不息。

每年正月十二，来自山东、北京、天津、河北、辽宁、内蒙古等地的民间艺人负鼓携琴，汇集胡集镇，一年一度的胡集书会由此开始，一幕曲艺大戏精彩上演。

天南地北说书人

胡集书会所在地——胡集镇地处山东省滨州市惠民县县城东南，是惠民县面积最大、人口最多的乡镇，也是鲁北地区的交通重镇和重要的商品集散地。

惠民县北接京津、南偎齐鲁，交通便利，素有"鲁北首邑""燕津门户"的美誉。至清末，官道和地方大道形成了四通八达的陆路交通网络。

书会形成的第一条件，是要有足够多的说书艺人，而这些艺人不可能都来自当地。因此，交通便利为迎接四面八方的说唱艺人提供了条件。

胡集，又名胡家集，相传在明洪武年间，胡姓始祖胡达吉由河北枣强县迁来立村。后有其他姓氏相继迁入，并形成集市，遂改村名胡家集。

至于胡集书会具体源于何时何事，众说纷纭。流传最广的说法是，在很久

胡集书会所在地——山东滨州惠民县　视觉中国

以前，胡集的大集南边来了一伙唱"渔鼓"的艺人，与北边来的一伙唱"落子"的艺人竞技，大家谁也不服谁。第二年，双方各自约请了更多的同行艺人再次对垒，如此连续几年，说书艺人越聚越多，观众人数也越来越多，影响也随之扩大。后来，经过胡集村长老们的调解，艺人们这才意识到艺术上互相竞赛、相互切磋是件好事，大家都是说书的，不能视同行为冤家，并约定每年的正月十二都来胡集聚会，借说书之便传授技艺，交流书目，拜师收徒。于是，胡集书会便世代相传，流传至今。

2006 年，胡集书会被列入首批国家级非物质文化遗产名录，被誉为"中国民间艺术的活化石"。

传统的胡集书会，在惠民当地也被称为"灯节书会"，分为前节、正节、偏节。正月初一到正月十一，是胡集书会的前节。以前，交通不便，很多艺人全凭脚力走到胡集。据老艺人回忆，"吃完年初一的饺子，带着衣服、书鼓、器具就要动身了。"艺人们边赶路边给沿途村民说书，顺便挣点盘缠。到了正月十一晚上，各路艺人齐聚胡集。

胡集赶会的艺人，大部分来自山东省内的各县市，省外则以河北最多，也有来自辽宁、内蒙古等地的。很多艺人都以说书为终生职业，平日里在各个乡村城镇卖场说书，正月十一夜就赶到胡集。到了正月十二这天一大早，各路说书人来到集上。艺人们选个最显眼的位置摆下桌子、安好喇叭，师徒搭档或师兄弟搭档，开始说唱表演、亮相献艺，称为"卖书"或"亮书"。

书会上的曲艺种类有西河大鼓、毛竹板、木板大鼓、评书、河南坠子等。说唱书目种类繁多，最常见的是《三国演义》《杨家将》《明英烈》等传统书目中的精彩片段。还有的艺人喜欢唱《偷年糕》《当年忙》等单篇的幽默小段。

正月十二到十六，是胡集书会的正节。而正月十七到二十一，是胡集书会的偏节，这段时间艺人们被各村请去，继续演出，表演到正月二十一。当地百姓与说唱艺人，在常年请书、雇书的过程中建立了深厚的感情，早已超出了临时的雇佣关系。艺人们在乡村是备受喜爱的座上客，村民和说书艺人成了好朋友，不仅热情地邀请艺人到自己家吃住，有的还和艺人结成干亲家。而行走江湖的艺人们也喜欢与当地百姓交朋友，有些村子成了他们常年说书的根据地。

过完年到胡集书会听书，是方圆几十里群众的一件乐事。台上击鼓弄弦，弹拉说唱，台下击掌叫好，鼓劲加油。胡集书会让喜爱曲艺的群众过足了戏瘾，素有"一日能看千台戏，三天读遍万卷书"的说法。

民间艺人在胡集书会现场表演传统曲目　视觉中国

一日能看千台戏

历史上，胡集是鲁北地区的交通和经贸重镇，这里有着浓厚的曲艺表演习俗与氛围。关于当地的说书情况，民国《续修惠民县志》中有这样一段精彩的描述：

鼓词唱本风行最久，其移风易俗之效率，亦不在戏剧之下。盖以戏剧之举动，而责资颇巨，非合力大为，聚众之资不易。若鼓词则无三家村中十字街头，支起鼓板唱几句。论年代不必两汉三唐，讲事无须称王道霸，就一段故事，添上枝叶，配好韵谱，嚎嚎起来，即哄动大众之听。其派别多，名目亦繁。流行此间者，有平词，不必鼓板丝弦，据小说而为平话。所说为《列国演义》《西游记》《响马传》《残唐传》《七侠五义》《精忠传》《彭公案》《施公案》《包公案》等。以外，有鼓腔、梅花调、四页瓦、落子腔，其说唱非公子投亲，即某大人私访，亦有唱八仙闹东洋、李翠莲上吊。

这段文字，生动地描绘出当时说唱艺人在惠民乡里村镇演出的情景。我们还可以看出，当时的百姓对听书十分喜爱，官府则顺应民意，利用鼓词对百姓进行教化，达到移

天南地北的说书艺人会聚胡集　视觉中国

民间艺术"活化石"胡集书会热闹开场
视觉中国

胡集书会表演现场
视觉中国

民间艺人在胡集书会现场表演传统曲目
视觉中国

风易俗的目的。其中提到的"平词"即评书,"梅花调"即西河大鼓的前身,而"四页瓦"就是竹板书。这几种曲艺形式仍是当下胡集书会的主要表演曲种。而当时艺人说的《彭公案》《施公案》《包公案》《响马传》等书目,也仍然是当下民间艺人在乡村演出的主要书目。

在当地,人们对胡集书会的喜爱深入人心。尤其正月十五元宵节,更是娱乐活动最鼎盛的时间。民国年间"所有山会、庙会无不以演戏招徕商民,一则为酬神戏,如谢雨和病愈、还愿等;一则庆戏,如河上庆安澜、城市过年过节、举生贵子、庆寿等"。

民国《续修惠民县志》中还有"娱乐消费一览表",其中可以看出,说书是一项很重要的内容。当时的说书业被官府作为产业来经营,说书成为推动当地经济发展、促进文化繁荣的一个重要因素。既然当地的民众有请书、听书的习俗,特别在元宵节,有三百多个村子都要请书,可以说对说书艺人的需求量是相当大的,按每个村子请两位说书艺人来算,也需要六百多位艺人。可以想象,当如此巨大的市场需求摆在这里时,必然会吸引来自四面八方的说唱艺人来此卖书献艺。艺人来此表演既满足了当地百姓的娱乐需求,同时也为自己带来了丰厚的收入。

为了给艺人们提供更好的演出场所,1985年,当地政府修建了可容纳八百多人的曲艺厅。全国许多曲艺表演艺术家都曾参加过胡集书会,如评书表演艺术家刘兰芳、山东快书艺术大师、高派山东快书创始人高元钧,著名相声表演艺术家姜昆、唐杰忠等。胡集这片土地,养育了说书艺人,说书艺人也滋润了胡集这方土地。因为有众多喜爱听说书的观众,艺人们才敢来,才愿意来;也因为艺人们常来,使得胡集这片土地的民俗文化更丰富,人们也更加重视中华优秀传统文化。

历久弥新的文化盛宴

历史悠久的胡集书会从出现到今天,经历兴起、繁盛、萧条、复苏的曲折过程。新中国成立前,书会场面十分壮观,每年都有四面八方的艺人前来赶会。很多艺人都是年年参加,有的带着徒弟,有的和师兄弟搭伴同来。早年的书会上有不少残障艺人,如盲艺人刘吉臣、周胜奎,独腿艺人邢义良等。据老艺人回忆,那时贸易大集在胡家集村的十字街,而书会场

艺人们在惠民县胡集书会现场表演精彩节目　视觉中国　　　　　　　听得入迷的爷孙俩　视觉中国

地就在十字街附近一个宽30多米、长150多米的洼地里，艺人站在低处说，观众站在高处听，年轻人甚至爬到猪圈或树上去听，由于人多拥挤，还曾有人不小心掉落下来。那时候书会的形式也十分单一，除了说书的和做买卖的之外，再无其他表演。

十年动乱期间，说书艺人虽然来的少了，但书会并未完全中断，每年仍有艺人前来。他们唱的书目不再是旧书，而是新编的《沙家浜》《烈火金刚》等。动乱结束后，书会逐渐恢复元气。魏尊昌、谢宝华、张义兴、李荣德等一批老艺人是那个时期胡集书会演出的主力军。进入新时代，胡集书会也焕发了新活力。在当地有关部门的积极策划下，胡集书会不断创新，每年在举办书会的同时，大力发展文化旅游、民俗游，在艺术形式上也不断推陈出新。

现在，虽然没有正节、偏节的说法了，但是书会以前的一些内容还都被保留了下来。2019年的胡集书会，吸引了三百余名艺人前来，集中展示了32个曲艺曲种。书会上，内蒙古、江西等地艺人带来的乌力格尔、信河道情等地方特色曲种首次亮相，丰富多彩的唱腔、细致入微的表演，浓郁的草原风情与赣州特色，让人耳目一新。

受疫情影响，2021年、2022年胡集书会连续两届在网上举办，同样受到热捧。2022年的"云端"展演，因为报名异常踊跃，优秀节目众多，举办方临时将原计划的3场展播增加到4场。2023年，正月十二，胡集书会回归线下，艺人们以天作幕地为台，唱不完的乡音乡韵，诉不完的乡愁乡情，如同奏响一部独具特色的黄河交响乐。

确山打铁花　视觉中国

打铁花：火树银花不夜天

2004年元宵节，河南郑州的森林公园里正在举行第三届中原文化庙会。空旷的地面上搭起了十来米高的花棚，熔炉里翻滚着铁汁，确山铁花队队员们，赤膊上阵，轮番用柳树花棒舀起1000多摄氏度的铁水，猛地击打在花棚上，瞬间，铁汁散落成耀眼夺目的铁花，铁花又点燃了绑在棚上的烟花和鞭炮，一时间，璀璨喧嚣，惊心动魄。

数万人目睹了确山铁花的壮丽。围观的群众沸腾了起来，齐齐拍手叫好，声浪在人群中翻滚。连续三场，场场爆满，确山铁花终于在沉寂了几十年后，首次走出了确山，打破了多年来"藏在深闺人未知"的局面。这次表演得到了各大媒体争相报道，确山铁花逐渐重新走入寻常百姓的生活里。

若深究确山铁花的确切起源，学界目前暂没有一个统一的说法，大抵可概括为"始于北宋，盛于明清"，已有千年历史。在老百姓中流传更广的，是确山铁花的起源传说。相传，在北宋年间，确山遭遇了一场大旱，当地百姓到附近号称道教圣地的老乐山请来了道士设坛求雨。雨果真求来了，为了表达感谢，大家捐赠银两为道士们重修道观，还要铸一口大钟。大家把家里的铁器都拿了出来，铁匠们把铁器熔化成铁汁。铸钟当晚，有一群乌鸦一直在树上乱叫，颇为不祥，众人怎么都赶不走。这时，人群中出现一位白胡子老人，他在地上捡了两根柳木，蘸了一些铁汁，向树上击打去，铁汁瞬间溅起高高的金色铁花，乌鸦们这才散了，而老人也消失不见了。大家纷纷猜测说，这是太上老君显灵了。打铁花因为好看又热闹，还能祈福禳灾，驱凶避邪，就在民间流传了下来。

打铁花的起源传说中，"老君显灵"的版本有许多，也有用铁花驱鬼的"铁花降五鬼"故事。这些确山铁花的传说里，多半少不了几个要素，一是铁匠，二是老乐山道士，三是太上老君。这些要素多少说明了，确山铁花的渊源。

太上老君是祖师爷

确山县地处河南省南部的驻马店市，县内矿产资源丰富，有记录的矿产类型就达十多种，其中铁矿、铜矿的含量最为丰富。正因此，确山的冶炼业发达，工匠团体逐渐形成了内部的信仰和祭祀体系。因为传说太上老君用八卦炉控制炉火，冶炼仙丹，所以，但凡用火的行业，都会供奉"火神"太上老君为行业神，以期自己的御火之术能够出神入化，好手艺不离身。确山五金行业的老祖就是太上老君。每年年初铁匠开炉，特殊节日庆典，工匠们就会举办祭祀行业神的仪式，打铁花就是从中演变而来。

不仅如此，确山铁花还和道教在确山的兴盛有着密不可分的关系。据学者考证，在东汉末年，黄巾军带来了"太平道"，民众苦战乱久矣，便入道寻求心理慰藉，因此一时间信众颇多，由此道教传入了确山。到了宋朝，宋徽宗更是自称"教主道君皇帝"，奉道成了社会风尚。北宋末年，社会动荡，时有战乱，确山不少文人为避世在县境内的北泉习道。不过，从史料记载上看，确山的道教到了明清时期才可谓盛极一时。明朝，朱元璋尊道教为官方宗教，道教的社会地位和民众基础自不必说。清初，老乐山上修建了规模可观的道观，号称"八宫两观一拜台"，确山境内更是有老君庙、火神庙、城隍庙等道观庙宇30多处，据说老乐山与湖北武当山、河南泌阳铜山并称为中原道教三大圣山。

道教信奉太上老君，因此，工匠们的祭祀活动常常和道教仪式杂糅在一起。确山的民间歌谣里也唱道："道长、匠人是一家，老君堂中有缘法，师兄师弟同叩首，保佑平安打铁花"；"金银铜铁锡，家家少不了，老君众弟子，财运步步高"……在明清道教鼎盛时期，确山县建有"铁花会"，每逢重大节日、仪式庆典，"铁花会"就会组织打铁花活动，而打铁花活动中最关键的一环，就是祭祀太上老君。他们到本县的老君庙恭请老君神像，而后五金工匠抬着神像游街，威风凛凛，沿途经过的五金店铺都要摆设香案供品敬拜，祝祷自己生意兴

河南驻马店老乐山　视觉中国

隆，兴旺常在，之后众人再将神像供奉在神棚内。打铁花之前，工匠们还要沐浴更衣，跪拜老君，祈求神灵助佑。同时，太上老君作为道教的尊神，在重大节日庆典时，道士们也会邀请工匠举办打铁花活动，也因此让打铁花有了祈福禳灾、驱邪镇宅的寓意。

　　工匠团体和道教信仰，都为打铁花的推广、流传发挥了重要的作用。五金行业将打铁花作为祭祀和庆典活动的展演形式，一来为了显示自己的行业实力，二来为了图个彩头，"打花打花，越打越发"，"花"与"发"谐音，吉利又富贵，打铁花被视为自我宣传和取悦社会的一门技艺流传了下来，进入了普通老百姓的生活里。而道教信仰的传播，道士们对打铁花的支持和认可，让这个本是行业内部的庆祝活动，因为宗教仪式更深入人心，加之商贸活动的活跃，营造的祈福、狂欢的氛围，让打铁花在历史上走得更深远。有学者给了确山打铁花一个精准又丰富的定义："确山'打铁花'是古代道教信徒和民间冶铸行业工匠一起祭祀太上老君，包含民间技艺、道教文化、商贸文化、冶铁文化、节庆文化等丰富文化内涵的一种仪式展演。"

　　如今，确山打铁花已经是人们节庆生活的一部分。每年正月初五到正月十五，确山县的工匠和道教信徒会陆续举办打铁花活动。初五俗称"破五节"，也是祭祀财神的日子，为新年祈求好运富贵的彩头，大家参与的热情很高涨。随着打铁花越来越受欢迎，它的展演也更加频繁，经常会有一些商业活动邀请，表演时间则可以根据观众需要灵活安排。

一起来看打铁花

打铁花的仪式与表演中，主要有搭建花棚、熔化铁水、祈福祭棚、击花等步骤。打铁花虽美，但本身具有一定的危险性。高温的铁水击打出去，很容易伤人，也容易引起火情，所以表演对场地有特殊的要求，要足够空旷、安全，要和观众保持一定距离。

选好场地后，搭建花棚是非常关键的一步。花棚完善与否，关系到铁花击打的最终效果和表演者的人身安全。花棚按照道教八卦搭建，呈现"一棚两层四方八角"的造型。花棚两层约有6米高，加上中间一条"老杆"，总体高度可达10米左右。棚架搭好后，就要开始铺设柳枝了。在两层平台上，均需铺上一定密度的柳枝条，据说是因为柳枝含有的水分高，不易被铁花点燃。铺好柳条后，花棚还要"设彩"，就是在花棚上装饰鞭炮、烟花、五色旗等物品。五色旗按照五行方位布置，中间为土，"老杆"上绑黄旗。设置鞭炮和烟花，是为了在铁花点燃它们的瞬间，营造出更加震撼人心的整体效果。

熔化铁水需要提前开始，由擅长掌握火候的老手艺人操作。将收集来的去过铁锈的白生铁放入熔铁炉内，再加入辅助熔化材料，等到铁水温度达到1000℃以上，"稀而不散，稠而不黏"时，铁水的准备工作便完成了。如果想要铁花颜色鲜红，他们会在铁水里加入木炭；如果想要青绿色，就加入一些黄铜。这一过程需要手艺人精通熔铁火候，助熔材料也是传承自古的老配方。

待花棚架好，打铁花的成员们在表演之前需要先祈福祭棚。花棚的正上方设有神棚或香案，供奉太上老君神位。过去，祭祀太上老君的仪式非常隆重，需要请神、游神，冶炼行业的门户前均需设香案祭拜。如今祈福仪式已大大简化，打铁花成员在神像面前三鞠躬祝祷即可。祈福仪式后，成员们用打铁花的"花棒"抬着十万响的鞭炮绕全场一周，最后在香案前点燃鞭炮。打铁花表演正式开始。

打铁花的主体内容是击花。击花需要用到柳树枝干做成的"花棒"。花棒分"上棒"和"下棒"。上棒挖出一个小洞容纳铁水；下棒用来击打上棒。打铁花艺人戴着葫芦瓢做的防护

确山打铁花流程之熔化铁水　视觉中国

确山打铁花流程之注入铁水　视觉中国

璀璨铁花　IC photo

帽，上棒舀铁水，行至花棚中央位置时，下棒猛击上棒铁水处，同时用力将铁水上扬打高。1000多摄氏度的铁水击打在铺满柳枝的棚顶上，瞬间四下飞洒开来，迸发出烟花般的绚烂，点亮暗夜。艺人们轮番奔跑于熔炉和花棚之间，铁花在棚下频频炸裂，光芒耀眼。如果铁花打中了"设彩"布置的鞭炮和烟花，那场面更是壮观，鞭炮齐鸣，烟花缤纷飞散如瀑，令人叹为观止。

为击花锦上添花的还有"龙穿花"环节，这是整个打铁花表演的最高潮。舞龙灯的艺人们在击花时要舞动龙灯穿越铁水四溅的花棚。这是极具危险性和挑战性的表演，既要保证龙灯和艺人的安全，又要展现威风八面的娴熟，非常考验技艺水平。击花的整个过程，全体成员情绪亢奋，小心谨慎，除了自身的动作协调外，还需要成员间的默契配合。可想而知，想要呈现一场让观众毕生难忘的打铁花表演，艺人们需要付出多少年的辛勤练习。因此，当艺人们呈现一场精彩高超的表演时，都会赢得大家由衷的敬佩和尊重。

铁花中的舞龙表演　视觉中国

让打铁花走出去

从北宋至明清，再到今时今日，确山打铁花在千余年的历史中浮浮沉沉。因为道教兴盛，商贸发达，经历过繁盛时期；也因为政治时局，战争动乱，一度销声匿迹。在新中国成立后，确山县仅在1956年和1962年各举办过一次打铁花活动，此后便中断了，沉寂多年。直到1988年，在国家级非物质文化遗产项目代表性传承人杨建军的努力下，打铁花才又重新进入百姓的视野。

杨铁军是确山打铁花传播历史上，不得不提及的一位人物。1983年，杨建军时任确山县文化馆馆长。在任期间，他搜集了诸多确山县的民间故事、歌谣、戏曲，为梳理和再现确山民间文艺做了很多扎实且重要的工作。在工作之余，他一直对童年记忆中非常震撼的打铁花场面念念不忘，常常走街串巷，打听打铁花的相关消息。最后在一位年迈的老乐山道士李清真那里打听到当年铁花会会长李万发的信息，随后他去拜访了李万发。

杨铁军根据李万发的口述，整理出了打铁花的历史脉络、传承谱系、信仰仪式和技艺，还复原了打铁花的相关用具。他拜李万发老人为师，多年苦练打铁花技艺，凭借这份热爱和执着，杨铁军终于在1988年3月2日至3日，在确山县打铁花焰火晚会上，让"千年焰火"打铁花重新绽放光芒。此后，确山打铁花便开启了"走出河南，走向全国"的历程。

2008年，确山打铁花入选了第二批国家级非物质文化遗产名录，更是登上了2017年央视春晚的舞台。

如今，确山打铁花借助互联网的推广，已经是全国人民都十分喜爱的民间技艺，常常出现在大大小小的节日庆典上，真正走进了寻常百姓家。沿着黄河流域，在矿产资源丰富的中原地域，如山东、山西、陕西、河北、甘肃等地，也都逐渐恢复了打铁花这一民间技艺。火树银花不夜天，愿灿烂焰火带给人们的好彩头，能让大家祝祷的心愿快点实现。

传统中药材　视觉中国

百泉药会：中药材的文化盛宴

百泉药会，是流行于河南省辉县市西北百泉镇的一种药市习俗。每年农历四月初八，以百泉村为中心，延至周边地区，是闻名全国的中药材交流大会。2008年，百泉药会被列入第二批国家级非物质文化遗产名录。

六百年的荣光

车水马龙的街市从百泉村一直延伸到苏门山脚下，大大小小的船只顺卫河航行，运来了大江南北的药材，一声高过一声的叫卖声响彻整个百泉村……六百多年前，坐落在共城大地上的百泉村，上演着中药交易大戏。

辉县市位于豫西北太行山地区，海拔1700多米，雨量充沛，四季分明，中药材资源丰富，素有"天然药库"之称。《晋书》记载，嵇康、王烈曾在太行山及苏门山采药，炼制修养性命之药。又据清道光《辉县志》记载，当地"药之属，多产于山，黄精、知母、天冬、麦冬、黄芩、苍术、大黄、桔梗、柴胡、升麻、防风、木通、葛根、草乌、藁本、瓜蒌、连翘、山楂、猪苓、何首乌、五灵脂、夜明砂、山茱萸、五味子、淫羊藿。亦有平地者，苍耳、木贼、地黄、紫苏、薄荷、荆芥、山药、枸杞、蒲黄、地丁、香附、蓖麻子、车前子、金银花、旋覆花、益母草、豨(xī)莶草、地骨皮、天花粉、菟丝子、柏子仁、酸枣仁、种类甚多。"还特意在"虫之属"中单独指出："全蝎比寻常蝎多两足，入药用。"正是这些丰富的本地药材，构成了百泉药会药材交易的基础。

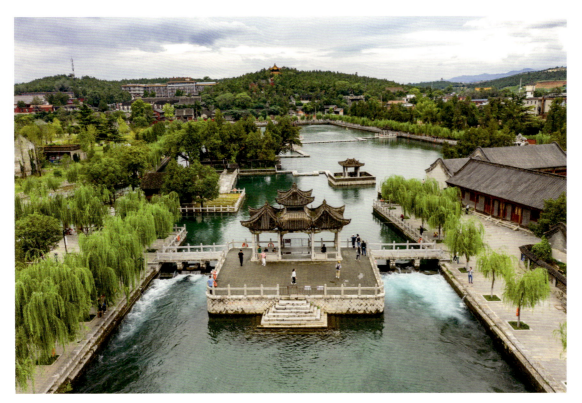

河南新乡辉县百泉景区　视觉中国

　　辉县苏门山麓的百泉，为卫河源头，早在殷商时期即开凿。在诗经《邶风·泉水》篇里有这样的描绘："毖彼泉水，亦流于淇。"这是说泉水汩汩流淌不息，最终回归淇水，此处的泉水即指百泉。清顺治《卫辉府志》记载，百泉"源出苏门山下，泉通百道，故名。……一名卫源，以卫之河发源于此，其河即卫河"。泉汇成池，池流成河，四季碧透，如诗如画。

　　古人认为，"吐纳堤防，周流稼穑"的卫水造福乡里，其中必有神灵。隋大业四年（608年），百泉北岸山的"卫源庙"应运而生，庙有"清辉殿"。自明洪武年间起传承六百余年的百泉药会，就起源于卫源庙的祭祀活动，最初名为卫源庙庙会。

　　百泉自从有了卫源庙，祭祀活动盛况空前。据唐代《百门陂碑铭》记载："每至玄律既谢，韶阳肇开，紫莺娇春，红萼笑日，申祈者倏来忽往，奠祭者烟交雾集。绮罗缛野，远增芳岁之色；泉濑吟吹，闇（àn）合云和之音。乐哉！盛哉！抑亦旷古之异迹也。"这段话的意思是：每逢正月将过，明媚春光到来时，美丽的莺鸟声声啼叫，灿烂的花朵在阳光下展开笑脸，来这祈祷的人步履匆匆，来来往往，祭奠的人如云雾一样聚集。他们身着漂亮衣衫，满山遍野都是，为苏门山的春景增色；急急的泉流低吟浅唱，好像和琴瑟琵琶之音不谋而合。欢乐啊，盛大啊！这真是古今罕见的奇景啊！

河南新乡辉县农民正在晾晒山楂　伍磊/IC photo

　　唐高宗年间，庙会更为兴盛，固定到每年农历四月初八举行，随着贸易的兴盛，药材交易逐渐成为卫源庙会上的重要内容。明洪武八年（1375年），庙会得到官方的大力支持，药材交易演变成百泉庙会的主角，庙会也正式演变为"百泉药会"。此后每年农历四月，全国药商云集百泉，共参此会。

　　百泉当地药材资源丰富，并不足以支撑百泉成为全国性的药材集散地。明嘉靖《辉县志》记载，辉县"西南到修武县，一百里通怀庆府"，与四大怀药（怀山药、怀菊花、怀地黄、怀牛膝）传统产区怀庆府的交通，甚是便利。得益于这种地理优势，促使经营四大怀药的商人就近前来，在百泉交易、售卖。四大怀药慢慢也成为百泉药会药材交易的基石。

　　此外，明清时期，由北京经河南至湖广的陆路，由北京经陕西至宁夏的陆路，由北京经陕西至四川的陆路，由北京至贵州、云南的陆路，从南到北，无不经由卫辉府，作为卫辉府辖县之一的辉县，自然也就享有了这种交通便利。同时，这也为辉县编织了一张便捷的全国交通网。百泉药会正是借助这种地利优势，一跃成为全国性的药材交易盛会。

　　到了清康熙五十七年（1718年），百泉与河北安国、江西樟树一同成为全国三大药材交易地，百泉药会位居三大药会之首，有"春暖花开到百泉，不到百泉药不全"之美誉。

今天，我们读清道光《辉县志》，可窥当年繁华之一斑。"百泉，四月初一起，初十日止，四方辐辏，商贾云集，南北药材具备。"那时候，药材店铺以百泉村为中心，北到苏门山麓，西到百泉湖畔，南过马家桥，场面非常壮观。

药会变迁

中国古代宗教盛行，大型寺庙通常有自己的朝拜日，形成定期庙会。随着庙会规模逐渐扩大，包括药商在内的各业商人，抓住这一商机推销商品，形成庙会市场。

到明清时期，庙会在全国范围内已经十分普及，成为城乡的一种重要市场形式。随着经济文化发展，庙会的经济功能也逐步增强，以至达到明末《帝京景物略》中所写，"行而观者六，贸迁者三，谒乎庙者一"的地步。

庙会市场是一种定期集市，有的一年一次，也有一年数次。例如，北宋京城内著名的大相国寺庙市"每月五次开放，万姓交易"，"中庭两庑可纳万人，凡商旅交易皆萃其中"。各类商品集中在寺内某一区域，包括药材在内的各种商品无奇不有，甚至解甲归田的"诸路罢任官员"也参与出售土物、香药之类。

百泉地处太行山余脉、苏门山南麓及卫河源头。隋代在此建卫源庙，最初供奉卫源河河神，后每年农历四月初八有祭神庙会。清代百泉建药王庙后，药市更加繁荣，发展成为"中原药都"。在禹州、百泉药市的带动下，其他地区药市亦快速发展。

我国寺庙大多供奉佛神、道仙、城隍或其他神仙菩萨、英雄人物，有的地方也供奉有功之臣。明代中期以前，在有药市的庙会里，药商们长期祭祀的都是这些与医药行业无关的庙神圣贤。随着医药经济发展，药市逐渐增多，规模逐渐扩大，药业也建立起行会组织，药商们希望有属于自己行业的可供奉的圣人和庙宇，以产生更加强大的凝聚力。于是他们选择了历史上的医药始祖和德高望重、成就卓著、影响较大的医药学家作为祭拜对象，为他们筑庙供奉。这些人被誉为药王，供奉的庙宇被称为药王庙。历史上各地药王庙供奉的药王的原型并不相同。综合建昌（今江西省南城县）、祁州、樟树、百泉四大药王庙中供奉的药王和名医，包括伏羲、神农、黄帝、岐伯、长桑君、扁鹊、张仲景、华佗、皇甫谧、王叔和、葛洪、雷公、陶弘景、孙思邈、韦慈藏和李时珍，共计16人。清代后期，全国城乡的药业组

河南辉县太行山峡谷瀑布　初二/IC photo

织、药铺普遍供奉孙思邈。

药王庙一称盛行于明代中期以后。各地药王庙的建成时间也有先后，以清代后期至民国前期建成最多。庙址有的建于城镇，有的建于山上，规模相差悬殊。建昌、祁州、樟树、百泉等大的药市，药王庙经过不断扩建，形成包括正殿、侧殿、后殿、客厅、宿室、戏楼等在内的庞大建筑群。小的药王庙仅有一二间庙房，甚至在其他寺庙或药业会馆内借一角之地。

随着参加百泉庙会中药材商人的数量渐多，药材交易的份额增大，在百泉创建专门的药王庙，便提上了议事日程。

据现存康熙五十七年（1718年）所立《创建药王庙碑记》记载，修建药王庙缘起于"凡有功于民生，未有不千秋庙食也。药王济世活人，功补造化，远非御灾一时、捍患一方者比，岂独业医者所当虔祀，即行散药商亦当顶礼恐后矣！"而且，自神农氏、黄帝、岐伯与雷公之后，名医"代有传人"，其中华佗、韦慈藏与孙思邈三人，"性禀清宁之正，术通天地之穷，发前人未泄之秘，开后世灵妙之传"，各地多建庙祭祀。百泉"每春末夏初，为南北药商交易之所"，素来"无庙以妥神"。为使众位药商顶礼有地，陕西西安府华阴县与河南怀庆府河内县的药商，"公同立议，捐资储金，创建庙宇。择诸商中之精能干办者"李世荣"董其事"，置地于集仙资福宫以东，"聚材鸠工，建殿三楹，中塑三真人像"，"金妆丹垩，巍然焕然"，康熙五十七年（1718年）孟夏，庙成勒石。

自此以后，各地药商"逢会瞻拜，报神功也，歆神德也"。百泉药王庙逐渐成为与会药商寄托精神与议事交涉的场所。

此后，每年药会期间，药王庙都会举办声势浩大的祭神活动，辉县市及周围地区参加的彩会会班最多时可达到67班。其中，百泉药王庙会上的祭祀活动颇有特色，有"观羊"和"送帖"等独特习俗，还有"放水鸭"和"送河灯"等地方表演形式。此外，吴桥马戏、濮阳杂技、吹糖人等来自全国各地的传统民间文艺表演，也在此轮番登场，药会成了民间文化的展示场所……

千百年来，全国各地的药商们聚集于百泉，传递药材信息，互通有无，给人们带来了健康与快乐，同时也带动了当地其他产业的发展。今天，百泉药交会，这块闪耀了六百余年的金字招牌，迎来了复兴发展新窗口，正被打造成全国药企、药商发展壮大的全新平台。

第五章

黄河岸边的狂欢

四川绵阳：青林口高抬戏巡游　视觉中国

"高人一等"的抬阁

高空摇曳闹元宵

每逢正月十五元宵佳节，山东省淄博市周村区都会举办声势浩大的"扮玩"。这是一种民间社火汇演活动，前来参加表演的队伍浩浩荡荡、势如游龙，有秧歌、旱船、大头娃娃、高跷、芯子、舞狮、舞龙，队伍分社区排队形，鱼贯缓行。被吸引来的群众不少，活动中最受瞩目的当数周村芯子。

芯子，又称抬阁、铁枝、飘色等，遍及山东、河北、山西、内蒙古、江苏、浙江、广东等省份，是一种古老的民间艺术表演形式，一般由人们抬着一个用竹木或铁质材料扎制成的舞台，再将已经打扮好的小演员通过巧妙而隐蔽的铁杆装置，即"铁芯子"，与底座舞台连接。"芯"者，心也，本指装在器物中心的捻子、引线，而民俗表演"芯子"，则是指小演员的衣裤中有铁芯穿过。通常，芯子表演需要儿童与成人协作完成，因此阵容庞大，是集历史故事、戏曲、杂技等为一体的民间表演艺术。

据周村当地人说，芯子表演源于当地的碧霞元君信仰：据传碧霞元君是周村长山人，每逢农历三月十五碧霞元君诞辰，百姓们便自发组织社火，为其庆祝，而今只在元宵节期间表演。

周村自古物阜民丰，丝绸纺织业发达，素有"丝绸之乡"的美誉，也是工商业发达的"旱码头"。相传，乾隆南巡曾至周村观灯，见当地人生活富庶殷实，花灯辉煌美丽，远胜它处，便赐名周村为"天下第一村"。

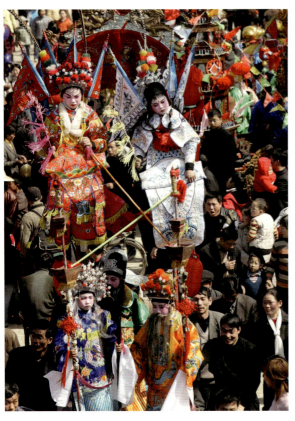

浙江宁海前童古镇：鼓亭抬阁闹元宵　视觉中国　　　　　　江苏南京：玄武湖"抬阁"迎新春　视觉中国　　　　　河南安阳：民俗展演闹新

　　民国十九年（1930年），学者郑陶庵在周村过元宵，在《天下第一村——周村的元宵风光》中，他详细记录了元宵灯会所见，涉及四种类型的抬阁表演。按文章描述，正月十四，各乡镇的游艺团体已经抵达周村，开始在街上表演献艺，作为元宵灯会的初步亮相……

　　空中有一男一女，忽上忽下。男的在前头，白鼻子黑眼圈，反穿大红袍，倒戴乌纱帽，吹胡子瞪眼睛，丑态百出。女的在后头，是个母夜叉形的泼妇，血盆口扫帚眉，作态弄姿，媚眼送情，他们一高一低，此起彼落，有人说是玩哈达官……紧接着，空中又出现四位仙女，回旋飞舞，这时人流滚滚，喧嚣沸腾，加以锣鼓声、鞭炮声，震耳欲聋，等到仙女们飞临目前，有的像奔月的嫦娥，有的像散花的天女，都是衣带飘拂，长袖善舞，这出类似蟠桃盛会的表演，她们都站在一个转盘上，八人抬着……只望见有十几个化装的小孩，高高地在空中摇摇摆摆，等了一会，来到面前，这些孩子的服装都是艳丽非常，年龄多在七八岁之间，全是明眸皓齿，粉妆玉琢，有的站在人的手掌上，有的站在翘起的脚尖上，也有的站在兵器上，也有站在弓弦上的，如此等等，都是高举在天空，近前一看，小孩下面的人，

国　　江西婺源：抬阁巡游民俗庆丰收　视觉中国　　　　　浙江金华：浦江抬阁迎春　视觉中国

老少不等，都是舞台上的饰物，坐在桌面式的平轿上，每轿有八个壮汉抬着，看样一抬轿是一出戏，不过多是民间附会的故事……轿的设计很精巧，造型也很奇妙，可说已做到人工之能事……紧接着来的是王村的抬阁……一共四列八抬，每列都是一男一女，前一列是罗成卖绒线，罗成手拿货郎鼓，顽皮作态，胡金蝉秋波频传，款摆弄姿。二列是张生戏莺莺，张君瑞纸扇轻摇，目光灼灼，莺莺则含情脉脉，娇波流慧。三列是贵妃醉酒，杨玉环醉意朦胧，态度浪漫，高力士是个白鼻梁的丑角，表现出一些点头作揖，低三下四的种种动作。四列是唐伯虎点秋香，一个是歪头凝视，看头品足，一个是躲躲闪闪，掩面自喜……能够表演出这样传神入微，惟妙惟肖的情调，真实使人惊叹叫绝，无怪乎一班观众都在疯狂地追随。

郑氏笔下的抬阁表演称得上让人眼花缭乱。我们来梳理一下，第一种类型的抬阁是"哈达官"，它造型独特，两位演员像空中飞人般此起彼落、你追我赶，引来阵阵喝彩。第二种是八人抬的"玩艺儿"，演员们站在转盘装置上表演。第三种是淄川"儡人"，上部是孩子站立于高空，下部舞台上还有表演的演员。第四种是王村抬阁，演出了《罗成卖绒线》《张生戏莺莺》《贵妃醉酒》《唐伯虎点秋香》四出剧。

虽说四种抬阁形式各异，但无一例外的是，都有表演者被高举空中，这是如何做到的呢?

飞舞的秘密

前文说到，周村芯子与碧霞元君信仰有关，由"游神祈福"活动发展而来。那么，我们不妨从古代的游神记录中去找寻答案。

据北魏《洛阳伽蓝记》记载："景明寺，宣武皇帝所立也……时世好崇福，四月七日，京师诸像皆来此寺。尚书祠部曹录像凡有一千余躯。至八日，以次入宣阳门，向阊阖宫前受皇帝散花。于时金花映日，宝盖浮云，旛幢若林，香烟似雾。梵乐法音，聒动天地。百戏腾骧，所在骈比。"

按上文记载，北魏时洛阳各寺院会在四月初八"佛诞日"请出佛像，在城内巡行，接受百姓礼拜。佛教大兴后，"佛诞日"欢庆行像活动成为新的风尚。行像时，常有百戏杂耍贯穿当中，极具观赏性。《洛阳伽蓝记》中还写道："长秋寺，刘腾所立也……中有三层浮图一所，金盘灵刹，曜诸城内。作六牙白象负释迦在虚空中……四月四日此像常出，辟邪师子导引其前，吞刀吐火，腾骧一面，彩幢上索，诡谲不常。奇伎异服，冠于都市。像停之处，观者如堵。"

佛像出行时，被抬举于空中，这场面与抬阁极为相似，两者都有高台表演的性质。其次，行像和抬阁都以"巡游"方式展现，扮演的也多是人们喜爱的历史人物和神话人物，颇有供人仰瞻的意思。

佛教通过大型行像仪式，在百姓心中树立起了难以撼动的威严。很快，这种仪式被民众效仿，各地百姓都在神诞日将当地神明请出寺庙，巡游乡里，接受乡民的祝贺，逐渐形成民间游神的习俗。

神诞日巡礼源于佛教，但中国类似抬阁的空中表演，出现的年代却要早许多。汉朝宫廷中的大型杂技表演"鱼龙曼衍之戏"中，有一项目称"寻幢"。据已出土的汉画像石推测，即为一人手持或头顶长竿，其余诸人缘竿而上，进行表演。山东沂南出土汉画像石上的《乐舞百戏图》，亦有男子手持长竿立于龙形台座之上。不过，这些都是专业的杂耍人，无需铁

浙江宁波：渔棉盛会迎中秋　视觉中国

广东潮州：游神赛会　视觉中国

海南儋州白马井镇："拜年日"巡游 骆云飞/中新社-视觉中国

汉画像石《乐舞百戏图》　聂鸣/FOTOE−视觉中国

架固定。可以说，后世的抬阁正是在传统高空杂技的基础上进行了恰到好处的改进。

民间庆祝神诞，充满了欢乐气氛，原本严肃神秘的宗教仪式也成了狂欢庆典。神诞日神明出巡，自然少不了仪仗和护卫队。参与巡游的人越来越多，娱乐需求也变得复杂，抬阁便应运而生了。

关于抬阁的最早记录出现在南宋《武林旧事》中："户部点检所十三酒库，例于四月初开煮，九月初开清……每库各用匹布书库名高品，以长竿悬之，谓之'布牌'。以木床铁擎为仙佛鬼神之类，驾空飞动，谓之'台（抬）阁'。杂剧百戏诸艺之外，又为渔父习闲、竹马出猎、八仙故事。"当时的舞台由木床与铁架构成，演员们在上头装扮成神佛鬼怪的模样，架空飞动，抬阁的基本形态已大体具备。无独有偶，记述南宋临安风情的另一著作《梦粱录》记录了"祠山圣诞"时浩大的抬阁场面："初八日，钱塘门外霍山路，有神曰祠山正祐圣烈昭德昌福崇仁真君，庆十一日诞圣之辰……其日都城内外，诣庙献送繁盛……台阁巍峨，神鬼威勇，并呈于露台之上。自早至暮，观者纷纷。"可见，当时抬阁表演热闹非凡，已是临安百姓喜闻乐见的活动。

明代民间信仰十分兴盛，对北京城的百姓来说，每年的碧霞元君圣诞庆典无异于一场大型抬阁表演。届时，"都城士女进香，金鼓齐鸣，彩旗飘摇，伞盖铺天，热闹非凡"，处处彰显出帝都的豪气以及碧霞元君的超高人气。

不过，总有好事者不满足于凑热闹，定要摸清抬阁人物悬空的奥妙。这项揭秘任务最终被刘侗、于奕正二人完成，他们在《帝京景物略》中写道："又夸僬者，为台阁。铁杆数丈，曲折成势，饰楼阁崖木云烟形，层置四五儿婴，扮如剧演。其法：环铁约儿腰，平承儿尻，衣彩掩其外，杆暗从衣物错乱中传，下所见云梢烟缕处，空坐一儿，或儿跨像马，蹬空飘飘，道旁动色危叹，而儿坐实无少苦。人复长竿掇饼饵，频频唉之。"

原来，看似凌空而来飘然而去的幼童，是被铁环套住了腰臀，又有铁杆从衣服中穿过，因为被戏服巧妙遮掩，道旁看众不明故里，甚至心疼孩子们高悬空中，便用长杆套些点心果子伸到他们嘴边，以示慰问。殊不知小朋友稳稳安坐在铁架上，并无性命之虞。只不过，巡演时间长了，不少小演员有些撑不住，竟在半空中睡了过去。

在古代，每次举行抬阁活动前都要进行海选，只有年龄、体重合适，胆大又有耐性的孩童才能入选。之所以要求诸多，是因为小演员需长时间"飘"在空中，担此大任首要条件就是不恐高。有经验的师傅会把幼童放在特制高架椅上让他们坐几分钟试一下，哇哇大哭者是断不能选的。

古代参加抬阁的幼童往往出身富贵。这看似危险辛苦的表演活动为啥会受到富贵子的青睐？这是因为，古人相信，参与娱神活动可得神灵护佑，为其祛病消灾，令其健康成长。于是，很多家庭出于图吉利或炫富目的，竞相报名。

《帝京景物略》刊刻于明崇祯年间，同时代的江南公子哥张岱也关注到抬阁，他在回忆录《陶庵梦忆》中追述了浙江诸暨的骆氏兄弟筹办枫桥抬阁的大手笔事迹："自骆氏兄弟主之，一以思致文理为之。扮马上故事二三十骑，扮传奇一本，年年换，三日亦三换之。其人与传奇中人必酷肖方用……果其人其袍铠须某色、某缎、某花样，虽匹锦数十金不惜也。"

骆家是诸暨大户，万历年间刚出了湖广副使骆问礼。即便是见惯了大场面的张岱，都对骆家在抬阁上的投入啧啧称奇。首先，抬阁所用剧本新。枫桥抬阁每年所用剧本绝无雷同，三天的抬阁表演，每天都有新花样。其次，选演员的要求高。海选环节，小演员需素颜出

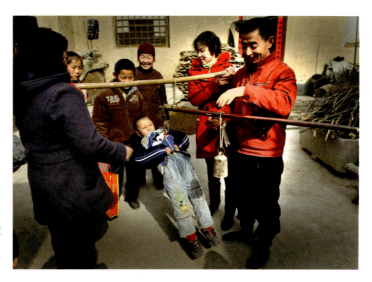

陕西宝鸡陇县社火表演小演员海选称重
视觉中国

场，只有跟戏中角色气韵神态相似才有资格进入备选名单，"非人人绝倒者不用"。

初步选好素人，紧接着就要筹办行头。骆家兄弟眼界不俗，戏服的料子用的是上等丝绸。只要是切实所需，即便买来价值数十金的锦缎做衣裳也在所不惜。戏服做好后，让备选演员穿上先预演一回，"非百口叫绝又不用"。选演员这般细致用心，抬阁布景也自然马虎不得，为了有好的视觉效果，财大气粗的骆家兄弟甚至以金珠宝石点缀抬阁，难怪演出时"四方来观者数十万人"。

与前朝相比，明代抬阁已经有了具体的剧本，而非仅仅让孩童扮演神佛，凭"颜值"为神诞巡行增色。在表演中，戏剧元素逐渐加重，抬阁遂成为一种融戏剧、杂技、舞蹈于一体的民俗表演。

让非遗与时间共存

梳理完文献中的抬阁，我们对表演中凌空飞行的秘密及背后的历史渊源都有了一定了解。可以说，古人对神明的尊崇造就了抬阁，而抬阁也成为承载地方记忆的文化活动。像是山东鄄城的崔楼抬阁，便说与孔子有关。相传孔子在此游历讲学，深受人们喜爱，他离去时民众不舍，便在高台上歌舞送别。后来，村民们在喜庆自娱时，仍沿用这种歌舞形式。

2008年，抬阁被列入第二批国家级非物质文化遗产名录，其中包括山西省的清徐徐沟背铁棍、万荣抬阁、峨口抬阁，甘肃省的庄浪县高抬，四川省的大坝高装、青林口高抬戏，青海省的湟中县千户营高台等25项民俗事项。

细心的人会发现，除名称多样之外，抬阁类民俗的分布地区也是横跨南北。这是什么缘故呢？有专家认为，抬阁起源于中原，也就是以河洛为中心的黄河中下游地区，在这片区域里泥土与人具有天然的亲和力，为保护农业根基，黄河岸畔最先演变出祈求风调雨顺的社火仪式，其中就包括了抬阁。之后，逐步向各地扩散，过程中形成了不同的名称，这便有了西北的脑阁、南方的飘色。而"芯子"则是抬阁发展到山东地区后的名称，它主要流行于鲁中的章丘、周村、临淄及鲁西南的鄄城等地。可以说，山东省深受中原抬阁文化的影响，并在发展过程中演化出了具有地域特色的芯子表演。

在非遗身份的加持下，抬阁得到了社会各界人士的关注，也有了新的发展。

四川宜宾：大坝高装　任海霞/中新社-视觉中国

陕西宝鸡：背社火　视觉中国

山东淄博：参加"芯子"表演的小演员在化妆　IC photo

山东淄博："芯子"表演　董乃德/IC photo

陕西陇县 传统社火闹山村 视觉中国

血社火：特殊的教化

关中地区流传着一支童谣，是这样唱的："昼社火、夜社火，大头娃娃抬社火；步社火、马社火，跷腿芯子车社火；背社火、转社火，高跷秋千山社火，竹马旱船赶犟驴，舞龙耍狮打社火；要看恶人啥下场，剖肠挂肚血社火。"

在我们的印象中，春节期间上演的社火表演通常寓意欢庆吉祥，场面热闹，而关中的血社火却相反，如歌谣中唱的那样，它将鲜血淋漓、阴森恐怖的场景搬上了年节的舞台。

扬善先惩恶

在陕西省宝鸡市陇县，几乎人人都有一个被血社火吓哭过的童年。与别处社火红红火火的年节氛围不同，陇县血社火主打血腥暴力的视觉效果，传达惩恶扬善的道德伦理。

想象一下，在正月喧闹的锣鼓声中，一个活生生的人突然头上就"插"了把斧子，斧刃"卡"进头骨里，夹杂着"碎肉状"的不明物体，"血"咕嘟咕嘟地从"伤口"冒出……又或是一把剪子，直挺挺"刺"进眼窝，"眼珠子"则挂在脸上，随着"受害者"的动作晃来晃去；还有的被利剑"刺"入腹部，"肚皮"外翻，"肠子"滑出来耷拉到地上，塞都塞不回去……此外，还有"叉脖子""断臂""劈脸"等血淋淋的恐怖场景，整个儿现场真可谓"刀刀入肉""血肉横飞"。

陕西省宝鸡市陇县位于关中地区，地处秦岭北部，受黄河最大支流渭河的滋润，这里土壤肥沃，灌溉便利，物产富足，是中华农耕文化的发祥地之一，孕育了以伏羲—姜炎文化为代表的史前文明和灿烂的周秦汉唐文明，也是中国最早被称为"金城千里，天府之国"的地方。

我们知道，社火与农业生产关系密切。从字面上来说，社火中的"社"，指土地神，"火"通"伙"，表群体和众多之意，后又以"火"为红火热闹之意。祭祀土地神，为的是祈求风调雨顺，五谷丰登。因此，社火主要流行于中国广大的农业生产区，如黄河流域的青海、甘肃、陕西、河南、山西、山东等地。目前，学界普遍认为，"社火"一词最早出现于南宋。南宋诗人范成大在《石湖诗集》卷二十三《上元纪吴中节物徘谐体三十二韵》中有"轻薄行歌过，癫狂社舞呈"之诗句，诗人自注曰："民间鼓乐谓之社火，不可悉记，大抵以滑稽取笑。"

诗人范成大笔下以滑稽取笑的社火种类繁多，比如我们熟悉的扭秧歌、踩高跷、舞狮、舞龙、划旱船、花车等，都属于社火。

关中地区素有耍社火的传统，其中以宝鸡社火最具特色。社火因历史悠久、内涵丰富、场面浩大而广受外界关注。2006年，陕西省宝鸡市申报的民间社火被列入第一批国家级非物质文化遗产名录。2013年，宝鸡市陇县被中国民间文艺家协会授予"中国社火文化之乡"称号。

而作为社火家族中最独特的一例，现存的血社火主要分布在宝鸡市陈仓区和陇县、咸阳兴平市、渭南大荔、蒲城、合阳三县，另外在山西晋南的临猗、洪洞两县也有少量遗存。

血社火的表演内容是把斧子、铡刀、剪子、锄头等利器"刺"入身体，"鲜血""内脏"喷薄而出，场面恐怖血腥又逼真，因此称"血社火"，关中百姓则叫它"快活""扎快活""血故事"等。

有专家认为，血社火在历史上源于上古时期杀牲献祭的禳灾仪式。从世界范围来看，以活人献祭常被视为最神圣的仪式，而在宝鸡陈仓区赤沙镇三寺村老人的口中，血社火的来历另有一番说法。相传很久以前，一位打铁的老者途经三寺村，患了重病，村民好心收留了他，给他饭吃，为他煎药，照顾他直至病愈。为报答救命之恩，老者将随身的包袱留给了村民，并告知其中机密，说包袱中的东西可保佑全村人平安无虞。包袱里装的就是血社火装扮道具。

陕西陇县：参加社火演出的演员　视觉中国　　　　　　　　　　　　陕西陇县：一名男子正在为社火艺人画脸　视觉中国

　　一般的社火有多出戏本故事，而三寺村的血社火只有一个戏本，那就是以《水浒传》中《武松血溅狮子楼》一节为故事背景，用静态展演的方法逼真地呈现故事情节。每次游演分两部分，第一部分中，装扮"恶人"的演员们，也就是西门庆和潘金莲带来的打手出街，他们画着脸谱，手拿尖刀利刃，面目狰狞地招摇过市，一圈巡游后回到化妆密室，再次化妆。第二部分是这出戏最精彩的部分，扮演武松的演员成功反杀，将斧头、镰刀、菜刀等凶器招呼回"恶人"身上。

　　在《水浒传》原著中，武松无法通过官府为哥哥武大郎伸张正义，只得铤而走险，以私刑结果了恶人的性命。虽说动用私刑不应提倡，但人们会自动淡化这种矛盾，选择维护社会正义和伦理平衡。关中地区的血社火，内容多取材于传统武戏、神鬼传说，比如《杨六郎就义》、《铡美案》（明公断）、《游地狱》、《耿娘报仇》、《解锯分身》、《三打祝家庄》、《斩韩信》等。这种夸张的表演目的是教育百姓多做善事，告诫众人一味作恶必遭血光之灾。说白了，恐怖血腥只是手段，其背后源远流长的，正是几千年来人们对于惩恶扬善这种朴素价值观的强调与认同。

　　关于善恶有报的思想，早在春秋战国时就有了明确表述。思想家墨子在《法仪》中说："爱人利人者，天必福之。恶人贼人者，天必祸之。"而血社火民俗显然是以恶报伦理内容为主。武松替兄报仇，手刃西门庆，斩杀潘金莲，将爪牙们打得口眼歪斜，脑浆迸裂，种种触目惊心的"恶报"展示，比文字更直接生动。

陕西陇县的社火队伍走街串巷为村民表演　视觉中国

血腥与欢娱

有研究者认为，血社火的表演形式与祆教中的一种神秘仪式——"七圣刀"幻术的流传关系密切。

据史料记载，从北朝末到唐朝，祆教信徒主要是粟特人及其后裔。粟特人以经商著称于世，利之所在，无远弗至。自汉迄唐，不断有粟特商人成群结队前来东方贩易货财，并将他们的宗教信仰传播到所经之地。他们以河西走廊为根据地，不断扩大活动范围，东到长安、洛阳等中原地区，西到酒泉、敦煌甚至粟特本土。他们广设胡祆祠，发展教民。而祆祠的管理者，一般由具有特异功能的胡人祭司来担任。

祆教降神时的神秘仪式与血社火非常相似。据敦煌文书《沙州伊州地志残卷》记载，唐贞观十四年（640年），敦煌北面的伊州伊吾县祆庙就有过一次降神仪式。相传，在伊吾县火祆庙有祆主（胡人首领）叫翟盘陀。高昌国未破时，翟盘陀曾因公事到京，恰好有祆神下凡附体，他便用利刃刺腹，直刺穿腹外，手拿刀上下绞转，一边说国家所举百事，皆顺天心，有神灵相助，无不应验。祆神离身后，翟盘陀立即倒地，奄奄一息，七天后却又奇迹般地活了过来。也许，正是这些萨满式的祭祆活动给人们留下了深刻印象，所以这种技艺后来就流传到民间，最终成为一种民间信仰。

据《册府元龟》记载，唐显庆元年（656年）正月，唐高祖"御安福口楼观大酺，胡人欲持刀自刺以为幻戏，帝不许之。乃下诏曰：'如闻在外有婆罗门、胡等，每于戏处，乃将剑刺肚，以刀割舌，幻惑百姓，极非道理。宜并发遣还蕃，勿令久住，仍约束边州，若更有此色，并不须遣入朝'"。由此可见，初唐便有刺肚、割舌、挖眼的幻戏传入我国。

仔细观察我们会发现，祆教徒们举行的祈祭仪式常伴随祈福、酒宴、歌舞、幻术等庙会式的狂欢活动，尤其是其幻术，给人以神奇、灵异之感。

随着祆祠、祆庙正式纳入官方祭祀体系，由祆教徒带入的"刺心剖腹"的"七圣刀"仪式在流传过程中逐渐祛魅，演变为一种幻术，最终融入汉族社会的节庆表演中。

例如，南宋郡州每年迎神活动中就有由市民组成的"七圣祆队"。据宋人孟元老《东京梦华录》卷七《驾幸临水殿观争标锡宴》中记载："……又爆仗响，有烟火就涌出，人面不相睨，烟中有七人，皆披发文身，着青纱短后之衣，锦绣围肚看带，内一人金花小帽、执白旗，余皆头巾，执真刀，互相格斗击刺，作破面剖心之势，谓之'七圣刀'。"在北宋一年一度的清明节表演中，诸军要向皇帝上演百戏，其中就有此节目。表演者皆为汉族军人，然其模仿的却是胡人形象，主要内容是格斗刺击、刀枪相见，作破面剖心之势，人称"七圣刀"。其视觉的残酷效果与血社火极为相似。

因此，有专家指出，流传至今的血社火正是祆神崇拜的重要遗存。历史上，陕西曾是祆教在中国传播过程中最昌盛、集中的地区，而血社火中最血腥的部分即源于祆教"七圣刀"技艺。那么，这种视觉效果是如何实现的呢？

我们知道，社火表演中最关键和精华所在是妆饰，血社火也是如此。不过，作为特殊的社火品种，血社火的妆饰又有许多特殊之处。比如，血社火对脸谱和服饰的要求远没有其他社火那么高，因为其大多是为了展现面部的痛苦和身体所受到的伤害。此外，还有部分地区的血社火需要演员赤裸上身，下身仅围裹一片白布，更加突出了野蛮原始的味道。

毫无疑问，特效"受伤妆"是血社火中的顶级机密，这些"伤口"主要集中于演员的头部、肩部、腹部，需要做出浑身是血、皮开肉绽的效果。"受伤妆"的制作技艺不但烦琐，而且需要的物料和道具也比较难得。需要用到的材料主要有棉花、荞麦，动物内脏和血液，以及用特制染料调配而成的血浆。此外，演员"受伤"后，"凶器"还要固定在伤口上，形成一种视觉上特别暴力的效果，这些特制道具也暗藏玄机。不过，由于传承过程中艺人对一些细节保密，我们无法得知其中全部奥妙，只能大致梳理出几点：一、血社火的道具一律为铁打的真物件，寒光闪闪的铡刀、斧子都由专门的铁匠打制；二、表演器具由老艺人自制机关，制作过程保密；三、使用有机关的道具时，一要娴熟，二要配合烟火掩饰，表演中，这种略带迷幻性的叙事手法给人以假乱真的演出效果。

在春节时举行一场血社火巡演，是制作者技艺与情怀的展示，也是周边乡邻的期盼。而巡演过后，人们会在此后月余甚至更长的时间里，在心中默念回味，俨然一场盛宴后的反刍。

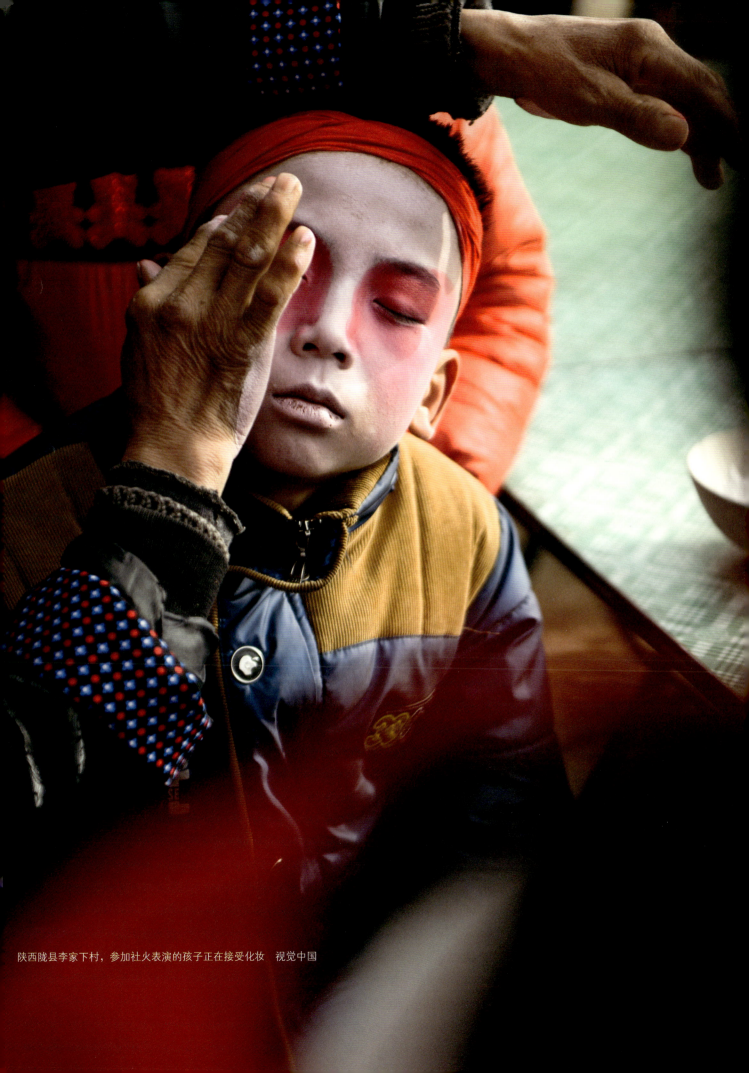
陕西陇县李家下村，参加社火表演的孩子正在接受化妆　视觉中国

陕西陇县15岁的血社火传人武鑫的正常脸谱和血社火脸谱对比图　视觉中国

山西永济："黄河汉子背冰亮膘"贺新春　视觉中国

背冰亮镖：冰与火之歌

在山西省的西南端，有一块金色三角洲，它连接着山西、陕西、河南三省。黄河水一路向南，在这里突然拐了一个九十度的弯，自此向东流向运城，正处于黄河揽在臂弯里的地方。又因处在黄河之东，古称"河东"，这里物华天宝、人杰地灵，可谓是一片神奇的土地。

黄河滋养，源自土地的古俗

黄河孕育了中华民族的悠久历史和灿烂文化，留下了丰富的文化遗存。除了遗址、历史传说，黄河沿岸的民俗文化，也是文化遗产的重要组成部分。在黄河沿岸的村落中，每逢年节都要闹社火，形式多样的社火节目丰富了大众生活，点燃了节日的气氛，九曲黄河灯、"刮街"、扎马角等表演一一亮相。背冰亮镖，正是这样一项传承悠久的民间社火活动，因表演形式独特，地域特征突出，2011年被列入第三批国家级非物质文化遗产名录。

背冰亮镖，主要流传于山西省永济市长旺村和芮城县匼河村，从行政区划上来看，两村隶属于运城市下辖的不同乡镇（永济市由运城市代管）；就地理位置来说，长旺村与匼河村是邻村。它们东依中条山，西邻黄河，芮城县有古人类文化遗址"匼河遗址"，也有中华民族用火最早的地方——"西侯度文化遗址"。

长旺村，是山西省最西端的村落。它面朝浩荡黄河，是中国历史典籍中首阳山的所在地。相传在三千多年前，武王伐纣，路过首阳山，被商臣伯夷、叔齐拦住，苦苦进谏，可是武王不听劝阻，遂灭商而建立西周王朝，之后伯夷、叔齐不食周粟，最终饿死在首阳山上。

每到隆冬时节，黄河封冻，在寒冷萧瑟的氛围中，长旺村村民会从冰冻的河床中凿取冰块，用于村中古老的社火活动：背冰亮膘，在当地又叫"背凌"或"亮膘"。这是长旺村极具特色、最能吸引人们目光的一项社火活动，会在一年当中的不同时段进行表演，分别是春节、元宵节和二月初五的庙会。

每年春节期间的亮膘活动，从正月初七开始，一直持续到正月十五。不过，亮膘的序曲却在初五就拉开了帷幕。长旺村当地管正月初五叫"破五"，这一日人们基本结束了走亲访友等拜年活动，一些喜欢热闹的村民开始有时间盘算闹社火的事，可如何才能调动人们的积极性呢？

过去，长旺村分为六个社，闹社火时，每两社为一组，结为"对家"。而闹社火之前，要先"斗"社火，所谓"斗"，就是激发对家闹社火的念头。具体怎么做呢？天蒙蒙亮时，孩子们在大人的指导下，敲着锣鼓，抱着公鸡，嬉皮笑脸地来到各社火头人的家门前大喊："你出来不出来？不出来学鸡叫！"这番耍闹的目的，是催促社火带头人尽快带领大家闹社火。不过，孩子们的耍闹未必奏效，这时就轮到大人们上场了，只见村民们陆续来到各社火头人家门口"挑衅"、叫嚷，直到得到对方的回应才罢休，接下来便各自回村，开始张罗闹社火的具体事宜。

亮膘活动的参与人数并不确定，但为彰显勇敢，村中男子不论老幼都会踊跃报名。据说，凡是参加"背冰亮膘"活动的人，这一年内都会身体健康、顺遂无虞。

到了正月初七，亮膘活动一大早就进入了准备状态，这是因为中午气温较高，冰块容易融化。若遇上旱年，黄河水少造成冰块短缺，村民们则会背着铡刀、檩条、磨盘等有分量的重物，以彰显力量和面对困难坚强不屈的铮铮铁骨。

7点左右，亮膘的汉子们来到村中的一块空地上集合，寒冷的乡村顿时热闹起来。只见他们脱下臃肿的冬装，赤裸着上身，用红绳将冰块系在腰间，下身则只穿一条红绸短裤，脚穿拖鞋。为了御寒，他们不时得喝上几口烧酒暖身子。有的壮汉还画上了简单的脸谱，所画图案大都是即兴而为且色彩浓烈，看上去凶悍又滑稽，瞬间将社火的仪式感拉满。

背冰的队伍通常由一位长者引领开路，他手拿一杆旗，旗帜上绘着一条巨龙，这位长者是村里年龄最大的、对村里贡献最大的人。巡游队伍中还有一支小型锣鼓队，包括鼓手一名、锣手若干，其他的亮膘汉则配合着鼓点，缓慢行进。

正月里，黄河岸边寒风刺骨，这些黄河汉子却光着膀子背着冰块，面不改色地列队前行，绕村巡游。一路上，他们模拟下河、破冰、匍匐前进、刀枪不入等动作，展现着强壮的体魄与勇武、彪悍的大无畏精神。路旁的围观群众甚至会突然朝他们身上泼凉水，而现场的气氛也在此时达到高潮。不过，天寒地冻，光着膀子背冰块要威风，为的是什么呢？

据1990年版《永济县志》记载：背冰亮膘源于清咸丰年间，洪秀全领导的太平天国军北征攻打茅津渡口。清军将领强拆民房，准备在黄河北岸架设两道火墙，以阻挡太平军攻城。太平军中有一位叫相福禄的部将，他是长旺村人，见清军架火阻拦，心生一计，让太平军将士去黄河凿取冰块，再背着冰块灭火破城，果然破了火墙，取得了战斗的胜利。相福禄解甲归田后，为了纪念太平军将士的英勇事迹，便在春节、元宵闹社火时，组织长旺村民"背冰亮膘"，并模仿攻城场景，展现太平军将士大无畏的精神。如此，背冰亮膘活动才流传至今。

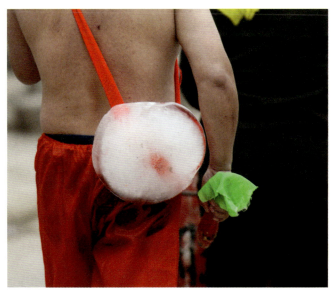

表演者身后背负的厚冰块　视觉中国

奇俗背冰，迎寒而上显强悍

关于背冰亮膘的起源，与长旺村相邻的匼河村也有传说。

古时候黄河水患频发，村庄、农田被淹，村民们一筹莫展。大水过后，人们从水中捞起一尊木头像，并把它抬到了岸上，可后来却再也抬不动了。村中长老认为，这是东岳大帝黄飞虎显圣，迫使黄河水退却，于是就奉其为太山神，后来改"太"为"泰"。为感恩泰山神的威力和恩德，村民们建泰山庙，祈求泰山神护佑一方水土平安。

据了解，长旺村和匼河村历史上都以农业为主，在生产力水平低下的年代，人们靠天吃饭，出于对大自然的敬畏，人们求神拜佛。于是，在每年农历二月二的泰山庙会上，便有了背冰亮膘等闹社火活动，村民们期望以此娱神，祈求一年风调雨顺、五谷丰登、人畜兴旺。

匼河泰山庙会，是芮城县古庙会中规模较大者，据传已有千年历史。二月二庙会当天，也正值春耕节，这意味着农民即将告别农闲，开始忙碌的春耕。匼河村男女老幼纵情狂欢，他们打扮成传说中的人物，加入闹社火的巡游队伍中，队伍沿村中街巷缓缓行进，所到之处，人声鼎沸、锣鼓喧天，热闹非凡。数千村民用他们的激情和智慧，演绎了一场异彩纷呈的乡村狂欢盛宴，甚至周围十里八乡的村民都特意赶来看热闹。

社火队伍由若干社火方阵组成：秧歌、背花锣鼓、高抬、竹马、跑旱船、高跷和背冰亮膘等等。古会中，最为壮观和引人注目的当数背冰亮膘：此时正月刚过，黄河两岸乍暖还寒，一队上身赤裸的年轻体壮者，下身穿着土布短裤，肩扛铡刀，腰上系着一大块冰凌，冒着春寒，在锣鼓声中列队，穿街过巷，大展阳刚之气。

关于背冰亮膘的起源，除了（太平军）背冰灭火说、求神祈福说外，还有一种是争地显霸说。相传很久以前，黄河一泛滥，河堤就倒岸，随之而来的是滩地界线被冲毁。黄河滩地地势平坦利于耕种，且地下水资源丰富，灌溉极为便利。因此，黄河岸边的村落，常因争抢河滩而发生械斗。同一块地好几家人来争，都说地是自己的。

据清光绪《永济县志》记载，"在县西南黄河中，初河决朝邑，移陕之大庆关于东岸，由是朝邑与蒲界接，而河壖水涸沙浑可田者，秦晋人杂耕期间，久之相争至于关杀。康熙十三年始令山陕巡抚会勘于大庆关东，立牌分秦晋，筑墙植树限制。"这段记载，说明最迟在清康

长旺村的男人们赤裸上身，背负坚冰，为村民进行精彩的背冰亮膘表演　视觉中国

村民向正在进行表演的背冰汉子身上泼洒冷水　视觉中国

长旺村的精彩背冰亮膘表演　刘宝成/视觉中国

长旺村背冰亮膘巡游　视觉中国

长旺村背冰亮膘巡游　视觉中国

熙年间，抢夺滩地械斗的现象就已经发生了。

有学者通过调查发现，因争抢滩地发生械斗的村落，往往是人口较多的大村落。也正是在这些村子里，出现了各式各样的，意在彰显英勇、逞威风的社火活动。而长旺村、匣河村恰好都属于这个范畴。不难想象，在古代，人们面对土地纠纷，常常诉诸武力。村邻之间便开始以最原始的方式，比如背磨扇、扛檩条等，互相比试、斗狠，以求一决地属。僵持不下时，便加赛耐力，寒冬时节，裸身背铡刀、背冰块、啃吃冰棍……逞强凌弱，胜者为王，背冰亮膘活动就这样流传了下来。

关于背冰亮膘的起源的说法，各有拥趸。传说尽可以美丽地编织，但无论如何，这项活动都演化成了一种娱人娱神的活动，一种强身健体的竞赛。

今天，当我们亲临背冰亮膘活动的现场时，都会被眼前村民们的精神和气概所感动。这种神奇激荡、纵情欢歌的场景不正是黄河岸边的黄河人世代与大自然抗争、战胜自我的风情画卷吗？

那达慕大会上的摔跤比赛　视觉中国

那达慕：草原上的速度与激情

所见那达慕

2017年6月，一个名为"那达慕"的微信小群突然在手机上闪烁。点开一看，原来是内蒙古的老友发起把臂同游邀约，让大家一起去围观乌兰布统的那达慕。那达慕是啥呀？瞧着这名称感觉这不是汉语词汇。本着追根究底的学习精神，我对此展开了搜索，果然，有用的知识增加了！那达慕是从蒙古语音译过来的，本意是娱乐和游戏。听闻这是蒙古族一年一度的盛会，隆重程度堪比汉族人过年，我马上答应入伙开团，见新世面去！

7月中旬，8名群友从四面八方陆续飞抵内蒙古。因为有"地主"的策划，我们就没提前做攻略，而也正因为没有预知"剧情"，当我们自驾赶到乌兰布统时，惊喜层层叠叠袭来，一路上都是此起彼伏的感叹之声。此时，正是百草丰茂的季节，芳草如茵，一碧千里。苍翠的青山和绿草连成一片，连绵的云朵与花海遥相呼应，还有那一望无际的苍茫感，直把人带入一个诗意的世界。车辆疾驰，风景在倒退，零星的蒙古包和随风飞扬的五彩哈达让异域风情更加浓厚。

乌兰布统在内蒙古赤峰市克什克腾旗西南部。到达目的地时，已是彩旗招展，人声鼎沸，身穿各种蒙古族传统服饰的人穿梭而行。这里曾是清朝皇家木兰围场的一部分，人影幢幢间，仿佛看到了清帝秋狝的场景。

话不多说，我们还是来看看，这场几乎是蒙古族全民参与的盛会，究竟会

内蒙古锡林郭勒那达慕大会　视觉中国

玩些什么。

　　放眼望去，那真是男女老少齐上阵。首先是起"开胃菜"作用的气氛组登场。其他大型文娱活动中包含的唱跳节目形式，那达慕也一个都不少，只不过，这里的是更具民族特色的马头琴合奏、草原歌星的演唱、蒙古族特色舞蹈等。之后，考验脑力的蒙古棋、传统武术和马球表演也逐一上阵。到了晚上，还有篝火晚会。在朔风飞扬的草场上，你可以左手端一杯青稞酒或一碗酥油茶，右手握着烤羊腿，"满嘴是油"地美美地欣赏各种精彩的节目。当然，你也可以载歌载舞，加入热情洋溢的舞队，和大家手拉手跳踢脚舞。

　　"开胃菜"之后，是奇绝惊险的马上竞技表演。骑手们花样百出，有人站在马背上，张开双臂飞驰；有人任凭马儿疾行，还能左右翻跳上下马；有人一人控制二驹，两只脚分别踩在两匹奔驰中的马的背上；有人三五一伙，你踩着马，我踩着你，叠罗汉式地向前奔行……惊险刺激程度让人叹为观止。我们这些外行人忍不住赞叹，骑手的脚和马背就像被强力胶黏到了一起似的。

要说最抢眼、最吸睛的，当数身姿飒爽的女骑手们。在万马奔腾的草场上，远远地只见身穿蒙古袍的女子在驰马试箭。有的双手松开缰绳，一边驰骋一边张弓搭箭，一发即中，英姿勃勃；一袭红衣的女子在风驰电掣中，双脚勾住马背，俯身探向地面，左右翻飞拾起地上的哈达。那感觉，仿佛与《诗经·关雎》中的"参差荇菜，左右采之……参差荇菜，左右芼之"光影交替。同样是左右转动的动作，汉家姑娘是婉约温柔，蒙古族姑娘则是豪情万丈，如同自由的风，九天的风。

那达慕上最经典的项目，也是主项目，是蒙古族祖传的"男儿三艺"：赛马、摔跤和射箭。看完之后，着实让人体会到了什么叫"力"与"美"。射箭时，技艺精湛的男女射手们百步穿杨，连年过六旬的蒙古族阿姨都能击穿靶心；摔跤时，精壮的蒙古族汉子身穿半袖坎肩，你推我搏之间，气场全开；赛马展示的是"速度与激情"，你瞧，小伙子们甚至无需马鞍、马靴，只穿着华丽彩服就能纵横驰骋，尽显风华。这不正是诗仙李白笔下的"银鞍照白马，飒沓如流星"吗？

参与赛马的儿童也不遑多让，刚及马背高的孩子们个个神采奕奕，在碧草蓝天中跃马扬鞭，奔逸绝尘。虽说是与大人在同一赛道赛马，但每年都有儿童获得冠军。《清稗类钞·技勇类》记载："（蒙古人）不论男女老幼，未有不能骑马者，其男女孩童自五岁即能骑马，驰驱于野。"可见，即便是几百年过去了，蒙古族人的祖传技能也没有丢掉。

男儿三艺与蒙古征服史

蒙古族如此重视的男儿三艺，与这个民族的崛起和征服史密不可分。作为草原民族，上马挽弓是每个蒙古族人的必备技能。当年，成吉思汗在花刺子模受辱后，就是骑着蒙古马，带着蒙古健儿开启了闻名世界的西征。蒙古军一路横扫欧亚，铁蹄所到之处，无不闻之色变。

究其原因，首先要归功于蒙古马的特性。当时，蒙古马犹如现在的"黑科技"，虽然个头小，但"续航"能力超强，长途奔袭半个月不在话下，给需要远程跋涉的西征提供了强大的交通运力。另外，蒙古军队以骑兵为主，马匹是有效的战斗力，关键时刻，既能"输出"踩踏，也能载人全身而退。蒙古人在西征过程中，每人都不止一匹马，还有不少

"备用"，骑累了就换，始终能保持充足续航。所以，蒙古军攻城拔寨的速度，经常是以天为单位计算的。

马的隐藏功能需要人去挖掘而后使其发挥出来。蒙古人的马上功夫之娴熟和灵活，在蒙古军第二次西征——长子西征的战役中表现得淋漓尽致。

当时，蒙古军多线作战，一支分队正在攻打波兰。担任波兰大公的亨利二世在城中瑟瑟发抖了几日，最终决定开门迎接正在赶来援救的友军。谁料，刚走出城门不远，迎头就碰上了蒙古骑兵。波兰人顿生疑惑：这蒙古人和他们的战马看上去也没多勇猛啊，人小马矮，经得起欧洲重骑兵来回冲击吗？亨利决定主动进攻试试。

蒙古骑兵见大部队冲来，顿时四散逃开。亨利打得很小心，他仔细观察了蒙古军逃跑的架势，发现连主帅旗都倒了，这才相信是真的胜了。于是，他乘胜追击。波兰第一支先锋队展开猛追，第二队和第三队也紧跟了上来。而这时，骑着矮马的蒙古骑兵一边掉头一边左右开弓，射杀追击的敌人，并始终与对方保持一定距离。

波兰人这才醒悟，原来蒙古人不是真逃，他们只是使出了诱敌之术，要不然，还没打痛快敌人就跑了，追起来太费劲。这就是蒙古人的"曼古歹战术"，引诱敌人进入包围圈，不仅考验演技，还要把握好距离。跑太快，敌军追不上；跑慢落了单，自己可就惨了。所以，他们一边保持着刚刚好的距离，一边诱敌深入，待到波兰骑兵追了一段路程之后，渐渐就把步兵远远甩开，此时蒙古人便能轻松分割敌军，然后将他们集体带进包围圈。

之后，就到了蒙古骑兵展现射箭技艺的时候。两方骑兵相遇，蒙古人率先张弓搭箭射出箭矢，但欧洲重骑兵有铁甲护身，纹丝不动。于是，蒙古骑兵迅速改变作战计划，射马。随着一支支箭矢咻地离弓，一匹匹战马应声倒地，而骑在马上的重骑兵也狠狠地摔在地上。重骑兵部队几乎人人"负重而行"，一旦重摔就很难翻身。于是，波兰人集体被蒙古人俘获。这骑射配合得堪称天衣无缝。

关于蒙古族人擅射的记载，有一块藏在俄罗斯圣彼得堡埃尔米塔什博物馆中的石碑最能体现。这块碑正是"也松格碑"，1225年雕刻，也叫"成吉思汗石""移相哥勒石"。也松格是成吉思汗的弟弟哈撒儿的次子。在成吉思汗西征花剌子模后，蒙古帝国召开了一次欢庆大会，会上，可汗的大侄子也松格登台献艺，凭着神力一举把箭射出了500米远的距离，刷新

套马　视觉中国

骑马射箭　视觉中国

马背醉酒　视觉中国

了当时人射箭的纪录。成吉思汗见部将如此英勇，更加对接下来的军事征服行动信心满满，并高兴地立碑纪念。

不过，战马和箭矢再厉害也只是配件，关键还得靠强有力的身体来操控。蒙古军对个人身体素质的要求尤高。近身摔跤，就是蒙古族人把自己练成大块头的主要手段。同时，角力比拼的不仅仅是身板，还有灵活度和巧劲，不断训练，方能充分锻造出出色的勇士。

摔跤其实也是中国古代的传统艺能，当时叫角骶，名字取自两羊相斗，互相用角攻击的场面。和平时期，这也是训练士兵，让崇武之人得以宣泄体力的方式。蒙古勇士精于此道，19世纪国际著名的东方学家多桑撰写的《多桑蒙古史》记载，成吉思汗的第三子窝阔台就很爱看摔跤，西征花剌子模时，还曾让部下跟波斯的大力士较量。

在《马可波罗行记·国王海都女之勇力》中，记录了一则有趣的故事。话说蒙古帝国分散后，窝阔台的孙子海都另建汗国。他的女儿阿吉牙尼惕长得人高马大，特别喜爱摔跤，号称打遍国内无敌手。公主本人也很骄傲于自己的武力值，国王为她选婿时，她开出的条件是对方要能在摔跤场上赢了她。此后，各路蒙古贵族前赴后继地登场比赛，公主都不曾谦让，愣是一场败绩也没有……

元朝建立后，征战四方的蒙古帝国不再四处发兵，但忽必烈还是将蒙古人尚武的传统继承了下来。每年农历六月，他都要把王公贵族聚在一起，然后在宫廷内举行"诈马宴"。诈马宴是当时的一种文娱庆典，通常在能容纳一两千人的蒙古包里举行。元代学者周伯琦的《近光集》中记载，"诸坊奏大乐，陈百戏，如是者凡三日而罢。"大会要狂欢三日才结束。元人贡师泰描写了当时亲临的胜景："百年典礼威仪盛，一代衣冠意气豪。中使传宣卷珠箔，日华偏照郁金袍。"

除了歌舞，诈马宴上的一大看点，就是摔跤。不少围观过的官员都曾作诗留念。如郑彦昭的《上京行幸词》："红云霭霭护棕毛，紫凤翩翩下彩绦。武士承宣呈角骶，近臣侍宴赐珠袍。"这是描述蒙古勇士们摔跤比赛后被赏赐。王沂的《上京诗》说："黄须年少羽林郎，宫锦缠腰角骶装。得隽每蒙天一笑，归来骑从亦辉光。"为圣上表演摔跤，获得奖赏非常光荣。可见，这会儿的勇士，已经不再需要打仗，而是转变为靠摔跤博人一笑了。

元仁宗孛儿只斤·爱育黎拔力八达更是在朝廷内设置了专门管摔跤的官署，叫"勇校署"，其中"以角骶者隶之"，除了娱乐大众，或许也算是一种居安思危的体现吧。

射箭　千龙图像/视觉中国

摔跤　视觉中国

那达慕大会 视觉中国

蒙古族的共同记忆

明朝时蒙古族人被驱逐到了塞外，此后，他们的日常风俗就极少出现在公众视野了。到了清朝，蒙古八旗是协助清军打天下的重要盟友，对他们的记录便又丰富起来，此时的那达慕大会也已经在蒙古各部遍地开花。

1644年，蒙古族鄂尔多斯部的首领额璘臣归顺清朝。顺治皇帝借用大才子贾谊"众建诸侯而少其力"的策略，将鄂尔多斯部分成了六个旗，分别是准格尔旗、达拉特旗、伊金霍洛旗、乌审旗、杭锦旗、鄂托克旗。后来又扩编成七个，把鄂托克旗变成了鄂托克前旗和鄂托克后旗。所以，直到今天，内蒙古不少地方的名称中还有前后旗的字眼。这些旗的旗长被称为札萨克。分部之后，旗人还是按照过去的习俗，每年举办联欢会，但由于已经分家，成了行政区划上的邻居，再举办联谊会时，官方的名字是"七旗那达慕"或"十札萨克那达慕"。

当时的那达慕大会上，会选出神箭手、快马和大力士，也就是男儿三艺的冠军，以资奖励。

和鄂尔多斯部一样的还有喀尔喀蒙古，这也是成吉思汗子孙建立起来的汗国，清太宗皇太极时归顺清朝。该部被末代首领的七个儿子分成了七旗。根据地方志记录，康熙三十六年（1697年），喀尔喀蒙古的首领举办过一次七旗那达慕。其间，一名叫贡格尔的牧民赢得了赛马冠军。人们为了赞扬他的宝马，还创作了歌曲《万马之首》。

《阿拉善风俗志》中，也记载了一场狂欢大会，叫"乌日森耐亦日"。当时，阿拉善的札萨克罗卜藏多尔济迎娶了清朝的娥掌郡主，她在清朝的爵位是"多罗郡主"，所以，罗卜藏多尔济也被封为多罗额驸。因为与清皇室联姻，罗卜藏多尔济在旗内举办了万马奔腾的盛会。

从这里也可以看出，只要是蒙古族人，不管分散在草原的哪里，都无一例外地继承了祖先的光荣传统。今天的内蒙古草原各盟各旗也都有自己的那达慕大会。会上的主要活动还是"Eriyn Gurvan Naadam"，男儿三艺。可见，那达慕不仅是文娱庆典，也成为连接蒙古族人的精神纽带。之后，我游历各地，在青海的海西蒙古族藏族自治州、黄南藏族自治州、河南蒙古族自治县等地，又见到过当地举办的那达慕。不管散落在哪里，那达慕已经从单纯的一种组织形式，上升为一种民族意识，甚至是一种体育精神。

其实，光看那达慕男儿三艺及其背后的尚武传统，就不得不让人想起古希腊的奥林匹克运动会。古希腊的奥运会有五项跟军事技能相关的竞技运动，分别是：铁饼、跳远、赛跑、标枪、摔跤，这都是他们当时的作战方式及训练士兵体能的方法，与蒙古族的男儿三艺的内核完全一致。古希腊文明对西方影响深远，奥运精神也代代相传，奥运会已成为当今世界规模最大的运动盛会。而今日的蒙古族人民，血液里仍旧流淌着勇敢和豪放，遍布草原各地的那达慕大会，就是最好的证明。

第八届人民那达慕大会开幕 刘文华/中新社-视觉中国

数字里的沿黄河九省（区）民俗类非遗项目

我国是一个地域广阔、民族众多的国家，在漫长的历史岁月中，形成了各具特色、多姿多彩的民俗文化，它们是植根于民间沃土的活态文化，是民族的根与魂，也是非物质文化遗产中绚丽夺目的奇葩。时光流转，岁月更迭，民俗也在不断演变和发展，生生不息。

截止到 2021 年，我国先后公布了五批国家级非物质文化遗产代表性项目名录，共 3610 项。其中，沿黄河九省（区）共 1042 项，占总量的 29%。国家级非遗项目数量在七大流域中排名第二，仅次于长江流域。而沿黄河九省（区）中，民俗类非遗项目占据较大比重，共有 129 项，又可细分为：生产商贸习俗、生活消费习俗、人生礼仪习俗、岁时节庆习俗、民间传统信仰、民间传统知识、社会组织习俗、文化空间等 8 个二级分类。

沿黄河九省（区）国家级民俗类非遗项目数量统计

青海省	四川省	甘肃省	宁夏回族自治区	内蒙古自治区	陕西省	山西省	河南省	山东省
17项	16项	12项	5项	19项	9项	23项	14项	14项

沿黄河九省（区）国家级民俗类非遗项目数量图

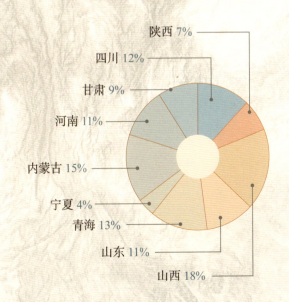

陕西 7%
四川 12%
甘肃 9%
河南 11%
内蒙古 15%
宁夏 4%
青海 13%
山东 11%
山西 18%

民间传统知识 1项
社会组织习俗 4项
生产商贸习俗 7项
人生礼仪习俗 9项
生活消费习俗 15项
文化空间 22项
岁时节庆习俗 32项
民间传统信仰 39项

图片设计：kiki

后 记

　　《黄河大系·民俗卷》如期付梓，离不开各位参与同仁的共同努力，特在此一一致谢。以下撰稿作者排序，参照内文章节排序。

　　第一章撰稿：叶锦书、向衡、景如；第二章撰稿：山越、向衡、阿墩、景如、周舒；第三章撰稿：周宁、向衡、欧海文、景如；第四章撰稿：阿墩、何数数；第五章撰稿：欧海文、何数数、景如。

　　此外，还要感谢图片编辑叶香玉的辛苦付出。

　　在成稿过程中，难免有疏漏之处，还请各位读者批评指正。

编　者

2024 年 3 月

出版说明

山东是黄河流域唯一的沿海省份、黄河流域最便捷的出海口，因此被赋予"发挥山东半岛城市群龙头作用，推动沿黄地区中心城市及城市群高质量发展"的国之重任。由此也可见山东在新时代黄河流域生态保护和高质量发展战略中举足轻重的地位。

为认真贯彻落实好习近平总书记关于中华优秀传统文化"两创"的重要指示精神和对山东"三个走在前"的重要指示要求，充分发挥出版界的内容资源、作者资源、品牌资源优势，以精品力作书写新时代黄河精神，使读者能够从历史和专题的角度，生动立体地来认识黄河、了解黄河、感知黄河，更好地传承弘扬黄河文化、提升发展质量，进而为中华民族的伟大复兴提供精神动力和智力支持，按照山东省委、省政府部署，山东省委宣传部策划、山东出版集团组织实施了《黄河大系》的编纂出版。

《黄河大系》为山东省习近平新时代中国特色社会主义思想研究中心重大项目，同时列入山东省社科规划重大委托项目。山东省委常委、宣传部部长白玉刚对项目高度重视，提出明确要求。山东省委宣传部分管日常工作的副部长袭艳春，山东省委宣传部副部长、一级巡视员魏长民对项目编写作出具体指导。《黄河大系》共十二卷二十册，由山东出版集团所属的七家出版社共同承担出版任务。分别是：

《图录卷》精选存世的汉代至1911年关于黄河的历史图画，提纲挈领地体现黄河文化的整体感和黄河文明的立体性，画龙点睛，展示黄河文化的博大精深与兴衰起伏。（齐鲁书社，1册）

《文物卷》分为陶器、玉器、青铜器三册，以历史时期的黄河流域为时空依据，以物说文，精彩阐释黄河作为中华民族母亲河的文化象征意义和厚重典雅的文明积淀。（齐鲁书社，3册）

《古城卷》选择黄河现在流经的主要古城，解说以这些古城为代表的中华优秀传统文化和重要历史遗产，为触摸黄河文明提供实体参照和文化坐标。（山东画报出版社，1册）

《诗词卷》收录中华人民共和国成立前吟咏黄河及其相关重要人文遗迹、重大事件、历史人物、风物民俗的诗词，以古典诗体作品为主。（山东文艺出版社，3册）

《书法卷》以时间为坐标，以书法艺术为参照，梳理展示黄河文化的深厚源流和传承脉络，从文体风格到作品内容实现高度融合。（山东美术出版社，2册）

《绘画卷》古代卷体现黄河文脉孕育的数千年文化精神成果，现当代卷体现黄河精神的发扬创新和时代风貌，用丹青成果再现黄河文化的灿烂辉煌。（山东美术出版社，2册）

《戏曲卷》梳理沿黄河九省（区）戏曲脉络，详述代表性剧种的源流变迁、著名演员、代表剧目及本省（区）戏曲界重大事件等。（山东人民出版社，2册）

《民乐卷》主要展示黄河流域的民间歌咏、器乐、曲艺，精选二十七个国家级"非遗"品类，阐述其文化根源、艺术特点和历史沿革。（山东友谊出版社，1册）

《民艺卷》主要收录黄河流域国家级"非遗"项目中的传统美术类、传统技艺类代表性项目，挖掘、展示黄河文化孕育的传统手工艺的文化内涵与美学价值。（山东友谊出版社，1册）

《民俗卷》重点展现沿黄河九省（区）国家级"非遗"项目中的民俗类代表性项目，阐发黄河流域民俗诞生、发展与黄河的血脉之情。（山东友谊出版社，1册）

《水利卷》详细介绍自古以来黄河水利发展历史，系统展示中华民族探索黄河、认识黄河、开发利用黄河水利的历史，以及黄河流域生态保护和发展的思想史。（齐鲁书社，2册）

《生态卷》重点介绍黄河流域生态特点、生态治理与可持续发展等内容，并对流域生态治理与高质量发展提出建议与对策。（山东科学技术出版社，1册）

这十二卷图书内容各有侧重、自成体系、交相辉映、相辅相成，力求展示黄河文化多元立体的生动厚重形象。

尽管我们怀着美好的初衷，做了不少努力，但是不足之处在所难免，诚恳希望读者和各界朋友批评指正。

山东出版集团

2024年3月